本书获得广东省哲学社会科学规划青年项目（项目编号：GD19YLJ01）、广东省软科学面上项目（项目编号：2019A101002117）、广东省教育厅人文社科青年创新人才类项目（项目编号：2018WQNCX038）、广东财经大学学术著作出版资金的资助

广东财经大学学术文库

The Impact of China's Outward
Foreign Direct Investment on China's Economy:
A Perspective Based on Dual Margin

中国对外直接投资的经济效应

基于二元边际的视角

陈培如 ◎ 著

经济管理出版社
ECONOMY & MANAGEMENT PUBLISHING HOUSE

图书在版编目（CIP）数据

中国对外直接投资的经济效应：基于二元边际的视角/陈培如著 .—北京：经济管理出版社，2019.12
ISBN 978-7-5096-6959-4

Ⅰ.①中… Ⅱ.①陈… Ⅲ.①对外投资—直接投资—经济效果—研究—中国 Ⅳ.①F832.6

中国版本图书馆 CIP 数据核字（2019）第 289472 号

组稿编辑：郭丽娟
责任编辑：梁植睿
责任印制：黄章平
责任校对：王淑卿

出版发行：经济管理出版社
（北京市海淀区北蜂窝 8 号中雅大厦 A 座 11 层　100038）

网　　址：www.E-mp.com.cn
电　　话：（010）51915602
印　　刷：北京玺诚印务有限公司
经　　销：新华书店
开　　本：720mm×1000mm/16
印　　张：12.75
字　　数：195 千字
版　　次：2020 年 1 月第 1 版　2020 年 1 月第 1 次印刷
书　　号：ISBN 978-7-5096-6959-4
定　　价：58.00 元

·版权所有　翻印必究·

凡购本社图书，如有印装错误，由本社读者服务部负责调换。
联系地址：北京阜外月坛北小街 2 号
电话：（010）68022974　邮编：100836

前　言

　　进入21世纪后，随着我国"走出去"步伐进一步加快，我国对外直接投资保持高速增长态势，特别是国家大力推进"一带一路"建设后，我国对外直接投资更是实现了多个历史性突破。2015年中国对外直接投资流量首次位列全球第二位，首次超过同年吸引的外资量，成为了资本净输出国，2016年对外投资流量更是达到1961.5亿美元的历史高位。在我国对外直接投资强劲增长的背景下，本书探究以下两个问题：第一，我国对外直接投资的增长路径；第二，我国对外直接投资对我国宏观经济的影响。与以往研究不同，本书将从二元边际的视角予以探讨和分析。

　　本书通过界定中国对外直接投资的二元边际并构建相应的分解测算模型完成投资二元边际分析框架的搭建。在此基础上，考察我国对外直接投资增长的二元边际结构特征以及投资二元边际的宏观经济效应。

　　首先研究我国对外直接投资增长的二元边际结构特征。本书利用2004~2015年我国对外直接投资相关数据对我国ODI增长的二元边际进行测算。结果发现：①从整体来看，我国对外直接投资的增长主要是依靠投资的扩展边际，而集约边际的贡献相对较小。②由于地理位置的差异，我国对各大洲投资增长的路径有所不同。对北美洲和欧洲的投资由集约边际推动，相反，对亚洲、大洋洲、非洲和拉丁美洲投资的主要动力来源是扩展边际。③对于不同发达程度的经济体，中国直接投资的增长路径特征也各异。对于发达经济体和转型经济体，集约边际是中国对其投资增长的主要推动力，但在转型经济体中，集约边际的贡献远超过扩展边际；对于发展中经济体，则主要依赖扩展边际的投资扩张模式。④由于我国区域差异明显，ODI 的增长路径也不尽相同。中央企业投资增长的主要动力来源是扩展边际，相较而言，集约和扩展两个边际对地方企业总体投资贡献相当，并且东部地方企业的增长路径与之一致，中部和西部地方企业虽然都是以集约边际为主要投资扩张模式，但中部两个边际的贡献差距不大，而西部两者相距甚远。

其次研究我国对外直接投资二元边际的宏观经济效应。本书从技术、出口、就业三个维度考察我国对外投资扩展边际和集约边际对我国经济的影响。通过总览国内外现有研究文献，尝试鉴别对外投资扩展边际和集约边际各自对母国技术、出口、就业影响的内在机制，并利用我国宏观层面数据进行实证检验，得到如下结论：

(1) 关于技术。①从整体来看，我国的对外直接投资具有积极的逆向技术溢出效应，并且往期 ODI 和新增 ODI 获得的国外研发资本均对我国的技术创新能力有提升作用。进一步来说，新增 ODI 的扩展边际对我国的技术创新有促进作用，但集约边际促进作用不明显。②通过对外直接投资获得的国外研发资本同时有助于提升我国技术创新效率，但这种提升作用主要来自于往期投资。新增投资中虽然扩展边际的扩张模式提高了我国技术的投入产出效率，但集约边际的扩张模式却起到了反向的作用，因而整体上对我国技术创新效率没有显著影响。③对外直接投资、引进外资和进口三种国际技术溢出渠道中，引进外资对我国技术创新能力的提升作用最大，对外直接投资次之，进口不存在明显的技术外溢效应。

(2) 关于出口。从整体来看，我国对外直接投资的扩展边际对出口具有互补效应，而投资的集约边际对出口则具有替代效应。出口产品类型、东道国收入水平、投资动机的异质性会对我国 ODI 二元边际的出口效应产生影响。具体而言：①出口产品类型异质性。第一，我国对外直接投资的扩展边际对我国技术型产品的出口具有显著的促进作用，但不影响非技术型产品的出口；而集约边际不管是对技术型还是非技术型产品都具有显著的出口替代效应。第二，扩展边际的对外投资扩张有利于带动我国中间品和资本品的出口，而集约边际的投资扩张仅对中间品的出口具有创造效应，对资本品的出口具有替代效应,但两个投资边际对消费品的出口均没有显著影响。②东道国收入水平异质性。以扩展边际的模式投资中低收入国家有利于促进出口,但投资高收入国家会抑制出口;以集约边际的方式投资低收入和高收入国家对出口的作用不明显,而投资中等收入国家会对出口形成替代。③投资动机异质性。资源寻求型ODI和效率寻求型ODI均能增强扩展边际的出口创造效应和集约边际的出口替代效应;相反,市场寻求型ODI起到弱化的作用。

(3) 关于就业。我国对外直接投资的扩展边际有利于促进本国就业,但是这种就业创造效应随着时间的推移逐渐减弱;而投资集约边际对我国就业则没有显著影响。劳动生产率、出口和投资是我国对外投资扩展边际对就业产生影响的三个重要传导路径,投资的扩展边际可以通过促进本国劳动生产率的提高、出口的增加、投资的增加进而促进就业。此外,投资扩展边际的就业效应存在明显的行业、劳动力和企业异质性。具体而言:①行业异质性。第一,投资扩展边际对第二产业就业的促进作用明显大于对第三产业就业的作用,但并不影响第一产业就业。第二,制造业就业的扩展边际投资弹性系数高于非制造业就业的投资弹性系数。第三,投资扩展边际对中高技能制造业的就业创造效应大于低技能制造业;相反,对低技能服务业的就业创造效应远高于中高技能服务业。第四,相比于资本密集型制造业,投资扩展边际对劳动密集型制造业就业的促进作用更大。②劳动力异质性。相比于女性,投资扩展边际对男性就业的创造效应更明显。扩展边际的投资扩张不利于文盲劳动力就业;但有利于中等教育水平及以上劳动力的就业,并且对高等教育水平劳动力就业产生的促进作用更大;对初等教育水平劳动力的就业则无显著影响。③企业异质性。我国国有企业和集体企业的就业不受对外投资扩展边际的影响,而扩展边际对内资企业和港澳台企业就业均有促进作用,且对内资企业就业的影响程度更大。另外,我国对外投资的两个边际均能显著提高本国平均工资水平,并且扩展边际的工资效应大于集约边际的工资效应。扩展边际的工资效应先上升后下降,呈现倒"U"形趋势;而集约边际的工资效应呈逐年递减趋势。对外投资二元边际的工资效应也因行业、劳动力、企业的不同而具有显著差异。

总之,本书首次在二元边际的框架下分析了我国对外直接投资的增长路径并重新审视了我国对外直接投资的宏观经济效应，获得了上述有益的研究结论，为我国政府部门制定和完善对外直接投资政策提供了理论参考，为我国企业更好地开展海外投资提供了经验证据。

在本书出版之际，特别感谢恩师冼国明教授的指导，感谢经济管理出版社郭丽娟编辑及其同人们为本书的修改提出的宝贵意见。

由于本人知识所限，本书还可能存在许多不足与疏漏之处，恳请广大读者批评指正。

目 录

第一章 绪论 ··· 1
  第一节 研究背景和意义 ··· 1
    一、研究背景 ·· 1
    二、研究意义 ·· 5
  第二节 研究目的和方法 ··· 6
    一、研究目的 ·· 6
    二、研究方法 ·· 7
  第三节 研究思路和结构安排 ·· 8
    一、研究思路 ·· 8
    二、结构安排 ·· 9
  第四节 研究创新点和难点 ··· 10
    一、主要创新点 ·· 10
    二、研究难点 ·· 12

第二章 文献综述 ·· 15
  第一节 对外直接投资的二元边际 ·· 15
  第二节 对外直接投资的逆向技术溢出效应 ····························· 18
  第三节 对外直接投资的出口效应 ·· 23
  第四节 对外直接投资的就业效应 ·· 28
  第五节 文献评述 ·· 32

第三章 中国对外直接投资的二元边际：定义与测算 ……… 35
第一节 对外直接投资二元边际概念的界定 ……… 35
第二节 对外直接投资二元边际分解测算模型 ……… 38
第三节 中国对外直接投资二元边际特征分析 ……… 40
一、中国对全球、各大洲、各大经济体直接投资的二元边际 …… 40
二、中国各地区对外直接投资的二元边际 ……… 50
第四节 本章小结 ……… 57

第四章 中国对外直接投资的逆向技术溢出效应 ……… 59
第一节 导言 ……… 59
第二节 理论与估计模型 ……… 61
一、理论模型 ……… 61
二、基本估计模型与扩展 ……… 63
第三节 数据说明与指标测算 ……… 68
一、数据说明 ……… 68
二、指标测算 ……… 69
三、变量描述性统计 ……… 80
第四节 实证结果分析 ……… 81
一、基本回归结果 ……… 83
二、稳健性检验 ……… 85
三、技术创新分指标的讨论 ……… 88
四、扩展性分析 ……… 90
第五节 本章小结 ……… 94

第五章 中国对外直接投资的出口效应 ……… 97
第一节 导言 ……… 97
第二节 传导机制 ……… 99
一、替代效应 ……… 99

二、促进效应 …………………………………………………… 100
　三、总结 ………………………………………………………… 101
第三节　实证研究设计 …………………………………………… 102
　一、变量选取与测量 …………………………………………… 102
　二、计量模型与估计方法 ……………………………………… 103
　三、数据说明与描述统计 ……………………………………… 105
第四节　实证结果分析 …………………………………………… 106
　一、基本回归结果 ……………………………………………… 107
　二、稳健性检验 ………………………………………………… 110
　三、进一步讨论 ………………………………………………… 115
第五节　本章小结 ………………………………………………… 122

第六章　中国对外直接投资的就业效应 ………………………… 125
第一节　导言 ……………………………………………………… 125
第二节　传导机制 ………………………………………………… 127
第三节　实证研究设计 …………………………………………… 129
　一、计量模型设定 ……………………………………………… 129
　二、估计方法 …………………………………………………… 130
　三、数据说明与描述统计 ……………………………………… 131
第四节　实证结果分析 …………………………………………… 132
　一、基本回归结果 ……………………………………………… 134
　二、稳健性检验 ………………………………………………… 136
　三、投资扩展边际就业效应的传导机制检验 ………………… 138
　四、滞后效应检验 ……………………………………………… 143
　五、分组检验 …………………………………………………… 144
　六、扩展分析：ODI 二元边际的工资效应 …………………… 151
第五节　本章小结 ………………………………………………… 156

第七章 研究结论、政策建议和研究展望 ································ 159
第一节 研究结论 ·· 159
一、中国对外直接投资结构特征 ·· 159
二、中国对外直接投资与技术溢出 ·· 160
三、中国对外直接投资与出口 ·· 161
四、中国对外直接投资与就业 ·· 161
第二节 政策建议 ·· 162
一、中国对外直接投资对母国技术影响的政策建议 ············· 162
二、中国对外直接投资对母国出口影响的政策建议 ············· 163
三、中国对外直接投资对母国就业影响的政策建议 ············· 165
第三节 研究展望 ·· 166

参考文献 ··· 169

附 录 ··· 191

第一章 绪论

第一节 研究背景和意义

一、研究背景

中国改革开放40余年来,经济得到迅猛发展,这期间外商直接投资不仅给中国带来了资本,也带来了先进的技术和丰富的管理经验。然而,2008年金融危机后,随着全球经济增速放缓,贸易保护主义抬头,反全球化浪潮愈演愈烈,全球外商直接投资(Foreign Direct Investment,FDI)流量呈下降趋势,特别是发达国家的对外直接投资下降尤为明显。与之相反,中国在近十年来对外直接投资(Outward Foreign Direct Investment,ODI)逆势上扬,实现快速增长,特别是近年来受益于政府大力推动"一带一路"建设,中国"走出去"步伐进一步加快,近十年对外直接投资流量年均增长率高达28.1%。2015年中国ODI更是实现了进一步的突破,对外直接投资流量达1456.7亿美元,居世界第二位,并且首次超过吸引的外资,实现资本的净输出,中国正从"世界工厂"转变为"全球投资者"。同时,中国"走出去"主体也发生了变化,对外直接投资存量中国有企业的比重在逐年下降,越来越多私营企业活跃在国际市场,如仅万达集团就在一年多时间里并购了瑞士盈方体育传媒集团、美国世界铁人公司、澳大利亚第二大影线 Hoyts 集团、美国传奇影业公司等世界知名企业。随着中国科技实力的提升,高铁等行业已经处于世界领先水平,这些行业的龙头企业已然具备足够的实力参与到国际竞争中去。对外直接投资不仅能帮助中国向外输出过剩的产能,同时也能给中国跨国公司带来经济效益以及国外的先进技术,对中国经济产生越来越重要的影响。

对外直接投资理论发展至今已经有半个多世纪,先后形成了垄断优势理论(Hymer,1960)、产品生命周期理论(Vernon,1966)、内部化理论(Buckley and Casson,1976)、国际生产折中理论(Dunning,1977)、边际产业扩张理论(小岛清,1977)等。这些经典理论从不同角度阐述了跨国企业对外直接投资的原因。然而,这些理论均是以美国等发达国家的对外直接投资行为为背景提出的,不一定适用于对中国对外直接投资的研究。虽然中国对外直接投资已经发展了 30 余年,但是由于 2000 年以前对外直接投资量一直维持在较低水平,远远小于同期吸引的外商直接投资以及进出口贸易,对中国经济的影响十分有限。十几年来,由于中国对外直接投资量保持快速增长,渐渐引起了国内外学者的广泛关注。学者们基本上是从实证层面对中国对外直接投资的动因、经济后果等方面展开探索。Dunning 基于跨国企业投资动机,将对外直接投资分为自然资源寻求型、市场寻求型、效率寻求型和战略资产寻求型四种类型。学者们对中国的实证研究普遍认为中国 ODI 存在自然资源寻求和市场寻求动机(Buckley et al.,2007;Zhang and Daly,2011;蒋冠宏和蒋殿春,2012),但效率寻求和战略资产寻求动机争议仍较大(张春萍,2012;蒋冠宏和蒋殿春,2012;陈强等,2016;李梅,2012)。在经济后果方面,学者们也进行了多维度的探讨分析,包括中国对外直接投资对中国技术水平、出口、就业等的影响。然而,无论是哪个维度的研究,均未形成统一的结论,如潘雄锋等(2016)认为 ODI 对中国技术创新有促进作用,而肖文和林高榜(2011)则认为中国对外直接投资不存在显著的逆向技术溢出效应。类似地,林志帆(2016)与张春萍(2012)对中国对发达国家直接投资的母国出口效应的研究也分别持替代和互补两种截然相反的观点。目前,仍未有一种理论能够在一个统一的框架下很好

第一章 绪论

地解释这两种观点同时并存的原因。

随着对外直接投资研究的深入,近年来开始有学者关注对外投资的二元边际结构特征(Razin et al.,2004;Yeaple,2009;Chen and Moore,2010;Araujo et al.,2017)。研究的视角逐渐从一元的总量分析扩展到二元的结构特征分析。二元边际的概念来源于国际贸易领域,之后 Razin 等(2004)创造性地将其引入国际投资领域,并由此催生了一系列有价值的研究成果。综观这些成果,学者们基本上都是围绕对外投资二元边际的影响因素展开经验探索的。例如,Chen 和 Moore(2010)、Tanaka(2015)研究了企业生产率对对外投资集约边际和扩展边际的影响,Berden 等(2014)、Paniagua 和 Sapena(2014)重点强调了东道国制度的作用,Cuadros 等(2016)关注了移民因素。毋庸置疑,这些研究从二元边际的视角全新解读了跨国公司的海外扩张行为,加深了我们对对外直接投资结构性特征的认识。值得注意的是,既有文献对 ODI 二元边际的定义标准不尽相同,学者们结合自己的研究关注点对投资二元边际概念进行了不同的设定。总结来说,多数学者视 ODI 的区位选择为扩展边际,投资规模为集约边际(Razin et al.,2004;Eicher et al.,2012;Berden et al.,2014;Cezar and Escobar,2015)。显然,第一,这里定义的投资集约边际与以往的国际投资流量无本质区别,无法识别新建投资与追加投资之间的不同,即不能区分对外投资企业在新旧分支机构或子公司的投资分布或投资选择。第二,他们所定义的扩展边际和集约边际不具有互补关系,故而并集不能构成一国对外直接投资的增长。第三,对外直接投资的边际从狭义上是指新增一单位对外直接投资量,ODI 的区位选择显然不贴合"边际"的内涵。严格来讲,对外直接投资的二元边际分解本质上应该是对新增一单位对外投资量来源的细致划分。

针对这些问题,不同于以往研究,本书在中国的背景下界定新增境外企业的投资为扩展边际,反映中国对外投资扩张的横向维度,即投资的多元化或分散程度;已有在位境外企业投资额的变化为集约边际,反映中国对外投资扩张的纵向维度,即投资的保守性特征或单一化程度。据此将中国新增对外直接投资总量进行严格的二维数学分解,分解为投资的扩展边际和集约边际。由图 1-1 可以发现,2004~2015 年中国对外直接投资保持稳定增长,但每年新增加的境外企业数量却存在较大波动,并未与 ODI 增长保持一致趋势。说明不同阶段中国对外直接投资行为存在较大差异,有些年份以新建投资为主,不断扩张投资范围;而有些年份的投资资金主要注入原有境外投资分支机构或在位境外子公司,投资相对谨慎保守。本书将在此基础上,进一步深入分析中国对外直接投资二元边际的结构性特征。此外,鉴于既有从二元边际视角考察对外直接投资问题的文献集中于驱动因素的探讨,鲜有学者关注到对外投资集约边际和扩展边际的经济效应差异。① 因此,本书将尝试弥补这一研究空白,基于二元边际的视角重新审视中国对外直接投资对中国宏观经济的影响,具体考察不同对外投资边际对中国技术水平、出口以及就业的影响。

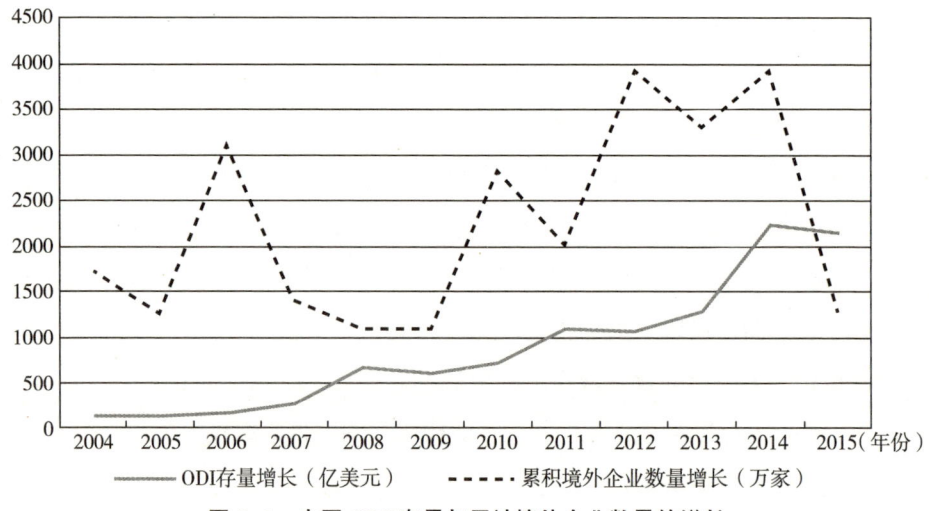

图 1-1 中国 ODI 存量与累计境外企业数量的增长

以往以中国为背景从一元总量层面对对外直接投资之经济效应的研究中,究竟中国的 ODI 是促进还是抑制了中国技术、出口、就业,学者们众说纷纭,莫衷一是。从二元边际结构来看,对外投资的扩展边际和集约边际对中国经济影响的机制可能是不同的。比如,扩展边际由于是新建境外企业投资,对中国中间品、机械设备出口的带动作用大;而集约边际是对在位境外企业追加投

---

① 从笔者掌握的文献来看,目前仅有 Bronzini(2015)和 Toshiyuki(2015)两篇。

资，由于这些分支机构或子公司在东道国存续已久，对其追加投资后便能迅速扩大生产，对母公司产品出口的替代明显。是否正是由于中国对外投资两个边际差异化的经济效应才致使学术界即使同样都是基于中国的研究，也得出替代、互补，甚至是无显著影响各种截然不同的结论？本书将尝试在二元边际的分析框架下对同一研究背景多种观点同时并存的现象予以诠释。

二、研究意义

对外直接投资是一国参与国际市场的重要途径之一。中国在近十几年对外直接投资增长迅速，通过对外直接投资，可以开拓国际市场，进一步扩大中国品牌的知名度；吸收投资国特有资产，缓解国内稀有资源的需求；在全球配置资源，增强中国跨国公司的竞争力。中国作为世界第二大经济体，持续推进对外直接投资是国家的重要战略。因此，研究对外直接投资对中国经济的影响显得十分重要，而从二元边际这一全新视角切入将极大提升研究的深度。

第一，丰富投资二元边际的定义内涵。传统经济学理论用"边际"变动来描述对现有行为微小增量的调整，故而对外直接投资的边际指代新增的对外直接投资量。因此，真正意义上的对外直接投资的二元边际必然是以新增投资为主体从两个维度进行分解、定义。然而，截至目前，既有文献对对外投资二元边际的定义并不是都严格遵循经济学中"边际"的本质内涵。鉴于此，不同于以往研究，本书以新增对外投资为定义主体，界定新增境外企业的投资为投资扩展边际，已有在位境外企业投资额的变化为投资集约边际，并据此严格推导了对外直接投资增长的数学分解过程，完成了投资二元边际分解测算模型的构建。显然，这里无论是扩展边际还是集约边际，均与经济学中"边际"概念吻合，并且前者代表新建投资，后者代表追加投资，两者的并集完全构成了一国对外直接投资的增长。这在一定程度上丰富了国际投资领域中二元边际的定义内涵。

第二，充实投资边际理论。目前针对对外直接投资二元边际的研究成果仍然较少，已有文献主要探讨了对外投资二元边际的影响因素，鲜有学者研究对外投资二元边际的母国经济效益。事实上，不仅同一影响因素会对对外投资二

中国对外直接投资的经济效应

元边际产生不同的影响，不同投资边际对母国宏观经济的影响也会有所差异。本书通过梳理现有文献整理出中国对外直接投资对国内技术水平、出口和就业的影响机制，并从二元边际的视角深入剖析各影响机制对集约边际和扩展边际的适用性，在此基础上利用中国宏观数据从实证上予以检验。本书所获得的结论表明中国对外直接投资的扩展边际和集约边际确实对中国经济的影响具有显著差异，例如扩展边际对中国出口具有互补效应，而集约边际却为替代效应，二元边际视角的引入使我们能够在统一的分析框架下诠释中国 ODI 经济效应两种观点并存的现象。全书通过探索对外投资企业不同投资扩张行为模式对母国技术、出口和就业的影响，不仅深化了我们对 ODI 结构特征的认识，同时也充实了投资边际的相关理论。

第三，为中国对外直接投资政策的制定提供理论和经验支持。近年来中国"走出去"步伐大大加快，对外直接投资每年以极高的速度增长，投资主体也发生了本质的变化，由早期的以国有企业为主导到近期民营企业成为对外直接投资的主力军。对外直接投资的扩展边际和集约边际具有不同的特征，新建海外投资分支机构或子公司需要跨国企业投入较大的启动资金，且不确定性较高，因而面临较大的投资风险；而对已有海外子公司进行追加投资更为稳健。但是，本书研究发现，扩展边际能有效促进国内技术水平、出口和就业，而集约边际则无显著作用甚至存在负向影响。因此，跨国企业在进行对外投资决策时可根据自身的投资动机选择不同边际的投资扩张模式。

第二节　研究目的和方法

一、研究目的

随着中国经济的快速发展和综合国力的不断提升，中国在高铁、人脸识别技术等领域已经达到世界领先水平，中国企业已经具有足够的能力参与到全球市场的竞争中。"一带一路"倡议的推进以及亚投行的建立，更是大大提升了中国企业对外直接投资的意愿，越来越多的中国企业走出国门。在中国对外直接投资强劲增长的背景下，我们需要明确两个问题：第一，对外投资增长的动力来源是什么，是依赖于境外企业数量的扩张，还是由已有境外中资企业投资规模的扩大所推动？厘清ODI增长主要是沿着扩展边际还是集约边际取得的问题将有助于我们认识中国对外直接投资增长的路径和性质。第二，在二元边际的分析框架下，中国对外直接投资对中国宏观经济发展有何影响？具体地，中国扩展边际和集约边际两种对外投资扩张模式将如何影响中国的技术、出口和就业？这不仅是学术界亟须解决的问题，也是中国政府制定对外直接投资政策所必须考虑的核心问题。基于此，本书研究的目的就是回答以上两个问题。首先，提出对外直接投资二元边际定义，构建分解测算模型，分析中国ODI增长的二元边际微观结构特征。其次，探讨中国对外直接投资二元边际的经济效应，主要从三个方面展开：其一，分析投资扩展和集约边际分别对中国技术创新水平的影响；其二，检验投资扩展边际、集约边际与中国出口是替代还是互补关系；其三，对比分析投资两个边际对就业的影响。总的来说，本书旨在通过对这些内容的研究为政府制定政策科学"走出去"提供理论和经验依据。

二、研究方法

本书采用的研究方法主要有归纳分析、比较分析、理论分析与实证分析等，具体如下：

（1）归纳分析。本书在综述文献时主要采用归纳分析方法。系统收集整理并阅读经典的对外直接投资理论、对外投资宏观经济效应等相关文献，对这些研究成果进行梳理、归纳、总结，从而得到与本书相关的主要论点。归纳分析国内外研究进展、确定研究中尚且存在的不足，也是确定本书研究方向的重要步骤之一。

（2）比较分析。该方法主要运用于中国对外直接投资增长路径特征的分析中。通过对比分析中国对各大洲、各大经济体以及中国各区域对外投资的扩展边际和集约边际,全面呈现了中国对外直接投资的二元边际结构特征。

(3)理论分析与实证分析相结合。该方法主要运用于中国对外直接投资二元边际经济效应的探讨中。通过理论分析把握对外直接投资扩展和集约两个边际影响母国技术、出口和就业的作用机制,在此基础上,构建计量模型从实证上予以检验。书中所涉及的计量方法主要有:①普通面板数据模型,包括混合OLS、固定效应模型和随机效应模型,最优估计模型的选取主要参照相关统计检验结果;②动态面板广义矩估计法,包括动态差分GMM和动态系统GMM,不仅能分析或控制个体的动态效应,还可以有效解决模型的内生性问题。

第三节 研究思路和结构安排

一、研究思路

本书将在二元边际的分析框架下重新审视中国对外直接投资的发展状况,并从技术、出口、就业三个维度探讨中国对外直接投资对中国经济的影响。研究思路如下:

系统梳理国内外相关研究文献,结合中国实际情况提出对外直接投资二元边际概念,同时构建相应的分解测算模型并对中国ODI的二元边际增长路径进行全面剖析。在此基础上,分析中国对外直接投资二元边际的经济效应。具体而言,首先从理论上尝试鉴别对外直接投资集约边际和扩展边际分别对母国技术、出口、就业影响的传导机制;其次利用中国中宏观层面数据进行实证检验;最后根据本书的研究结论得到相应的政策启示。全书研究框架如图1-2所示。

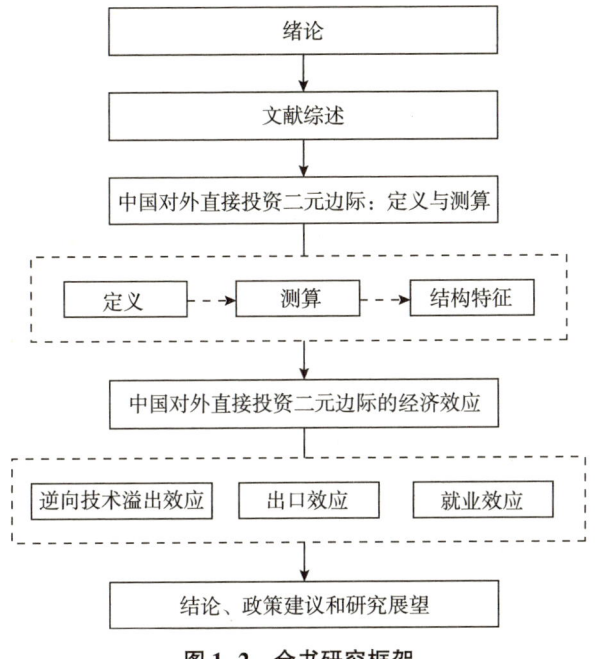

图1-2 全书研究框架

二、结构安排

根据前述研究思路,本书共包括七章内容,具体安排如下:

第一章为绪论。主要阐述本书研究的背景和意义,研究目的和方法,研究思路和结构安排,以及研究创新点和难点。

第二章为文献综述。系统回顾对外直接投资与技术、出口、就业关系的国内外研究文献;整理归纳对外直接投资二元边际的定义方式,并梳理与对外直接投资二元边际相关的实证研究。

第三章为中国对外直接投资二元边际:定义与测算。首先对中国对外直接投资二元边际的概念进行界定,其次构建投资二元边际的分解测算模型并利用中国对外投资数据进行测算,最后根据测算结果全面分析中国对外直接投资二元边际的结构特征。

第四章为中国对外直接投资的逆向技术溢出效应。首先从理论上分析对外直接投资集约边际和扩展边际影响母国技术的作用机理,并对经典的研发溢出测算模型进行扩展进而获得经由两个投资边际取得的国外研发资本量。在此基础上,构建计量模型实证检验中国投资二元边际的逆向技术溢出效应。

第五章为中国对外直接投资的出口效应。先对中国对外直接投资二元边际作用本国出口可能的传导机制进行理论分析,然后利用与中国有贸易和 ODI 往来的东道国数据实证上检验对外直接投资集约和扩展边际分别对出口的影响,并对出口效应可能存在的异质性予以分析。

第六章为中国对外直接投资的就业效应。首先从理论上阐释对外投资集约和扩展边际影响中国就业的机制与路径并从实证上予以检验;其次探讨分析 ODI 二元边际对就业影响的滞后效应以及当期效应在不同行业、不同企业、不同劳动力中的差异;最后在扩展性分析中考察投资二元边际的工资效应。

第七章为研究结论、政策建议和研究展望。总结全书研究结论并提出相关政策建议,最后对本书的研究进行展望。

第四节 研究创新点和难点

一、主要创新点

本书首次从二元边际的视角研究了中国对外直接投资的增长路径特征以及宏观经济效应。可能的创新之处在于:

首先,构建了一个相对完整的对外投资二元边际分析框架。从对外直接投资二元边际的界定到二元边际分解测算模型的构建,均做了充分的论述和推导。二元边际分析方法严格区分了中国对外直接投资增长中来源于现有中资企业投资的部分和新增境外企业投资的部分,有利于揭示中国 ODI 增长的路径特征。本书通过对比分析中国对各大洲、各大经济体直接投资以及中国各区域对外投资的扩展边际和集约边际，全面呈现了中国对外直接投资的二元边际微观结构。

其次，在二元边际的分析框架下重新审视了中国对外直接投资的宏观经济效应，弥补了该领域的研究空白。具体而言：

(1) 在技术溢出方面：第一，对 Potterie 和 Lichtenberg (2001) 的研发溢出测算模型进行扩展，不仅考虑了东道国的技术保护对投资国技术获取的阻碍作用，也融入了投资二元边际的概念，将中国对外直接投资获得的总技术溢出分解成往期 ODI 溢出和新增 ODI 溢出两部分，而新增 ODI 的溢出又进一步分解为集约边际的溢出和扩展边际的溢出，使投资两个边际技术溢出效应的同步探讨成为可能。第二，从理论上鉴别并阐释了对外直接投资扩展边际和集约边际各自对母国技术的影响机理，同时采用中国的数据进行实证检验。不仅在经验上探讨了投资二元边际对中国技术创新能力的影响，也考察了对中国技术创新效率的影响。第三，中国技术获取型 ODI 目的国的确定有所依据。以往研究往往随意选取若干发达国家作为中国获取技术的对象国，主观性较强。本书研究以《全球竞争力报告》中的"技术就绪水平"、"高等教育与培训"和"创新能力"三个指标作为筛选的标准，客观合理。

(2) 在出口方面：在理论层面，对比阐述了对外直接投资扩展边际出口效应和集约边际出口效应的内在机制，为基于宏观数据的经验分析提供了理论基础。在实证方面，通过 184 个东道国 2007~2015 年的面板数据实证检验了中国对外投资二元边际对出口的影响。所得结果表明扩展边际对中国出口具有互补效应，而集约边际对中国出口则具有替代效应。这就是之所以都是在中国的背景下，"互补效应"和"替代效应"两种截然相反的观点同时并存的根本原因。本书采用二元边际的分析框架诠释了这种共存的现象。此外，本书还讨论了出口产品类型、东道国收入水平、投资动机的异质性对中国 ODI 二元边际出口效应的影响。

(3) 在就业方面：第一，从理论上阐释了对外直接投资集约和扩展两个边际影响母国就业的机制与路径，并通过中国省际层面的数据进行了检验。第二,在得到投资的扩展边际对中国就业具有创造效应的结论后,借助中介效应分析方法进一步对其可能的影响路径进行检测分析。第三,考察了投资扩展边际和集约边际对中国就业影响的滞后效应,同时对当期效应在不同行业、不同企业、不同劳动力中的差异进行探讨。第四,实证检验了投资二元边际的就业效应和工资效应是否具有对偶性。

总体来说,二元边际分析方法的引入使我们能够更为深入细致地分析对中国新旧跨国子公司的投资对中国技术、出口和就业的不同影响,而笼统地对对外投资总量进行分析将无法区分不同对外投资扩张模式的经济效应差异。以二元边际作为本书的框架在一定程度上提升了研究的深度。

二、研究难点

本书研究的难点主要有以下几个方面:

第一,对外直接投资二元边际分析框架的搭建。如何在数据具备可得性、完整性的前提下提出适合中国对外直接投资的二元边际定义并据此构建相应的分解测算模型,是全书的重中之重,也是本书研究的难点之一。自对外投资二元边际概念提出以来,相关的研究还不多。通过文献梳理发现,目前西方学者对投资二元边际还没有一个统一的界定标准。如何选取合适的定义方式并通过合理的延伸扩展使之适合中国的研究又同时兼具可量化性,是本书需要重点突破的地方。在此基础上,构建与定义相适应的二元边际分解测算模型,通过严格的数学推导过程将中国对外直接投资的增长分解成投资的扩展边际和集约边际,也是本书研究的难点。

第二,不仅要从理论上阐述对外直接投资二元边际对母国技术、出口和就业的影响,又要从实证上予以验证。关于对外投资的扩展边际和集约边际如何作用于母国的技术、出口和就业,其影响的内在机制是什么?这是本书实证分析的重要依据。然而,现有文献基本上是基于对外投资总量的层面分析其影响母国经济的机理,如何对这些传导机制进行鉴别从而区分出投资扩展边际和集约边际各自对技术、出口和就业的作用,是本书研究的难点之一。此外,收集

第一章　绪论

整理相关数据并利用匹配的计量方法对甄别出来的理论机制进行实证检验是本书研究的又一难点。

第三，部分指标的测算。首先，境外企业数量。在对外直接投资二元边际的测算中需要用到中国在各个国家、中国各省域投资设立的境外企业数量，而这个数据目前并没有完全公开。如何较为准确地对这个指标进行估算，是本书需要解决的难点之一。其次，通过投资二元边际获得的国外研发资本量。在技术溢出部分的研究中，如何在经典的研发溢出测算模型中融入二元边际的框架，进而获得投资扩展边际、集约边际的国外研发溢出额，是本书需要突破的难点。最后，技术的度量指标。传统研究一般采用全要素生产率反映中国省域的技术水平，而笔者根据非参数数据包络分析方法（Data Envelopment Analysis，DEA）计算得到的各省域的全要素生产率（Total Factor Productivity，TFP）却呈逐年递减的趋势，这与中国技术发展的实际情况并不吻合。究其原因是DEA方法的使用条件和资本存量的测算问题。那么，应该采用什么样的指标准确反映中国各省域的技术水平，这也是本书需要认真思考的问题。

第二章 文献综述

本章首先系统梳理了对外直接投资二元边际的相关文献，接着归纳整理了对外直接投资与母国技术、出口和就业之间关系的研究，最后对现有文献中存在的不足和缺陷做简要评述，以此作为本书研究立意的出发点和落脚点。

第一节 对外直接投资的二元边际

自新新贸易理论创立以来，贸易增长的二元边际受到了学者们的广泛关注。一国的贸易增长可沿着扩展边际和集约边际实现（Melitz，2003；Bernard et al.，2003）。2004年，Razin等将国际贸易领域中的"二元边际"概念创造性地引入国际投资领域。截至目前，现有关于国际投资二元边际的相关研究仍极为有限，主要围绕其影响因素以及经济后果展开探索。

（1）影响因素。Helpman等（2004）指出，生产率最高的企业通过对外投资服务国外市场。随后学术界涌现出了一批以异质企业模型为基础探讨企业生产率与对外投资关系的研究（Tomiura，2007；Mayer and Ottaviano，2008；Yeaple，2009；Ryuhei and Takashi，2012）。然而，以二元边际为视角的研究文献仍十分有限。在这有限的成果中，学者们虽然对对外投资二元边际的定义有所不同，但所形成的观点基本统一，均认为企业生产率的提高有利于其投资的扩展边际和集约边际（Chen and Moore，2010；Tanaka，2015；Hecht et al.，

2016)。相反，Razin 和 Sadka（2007）基于宏观层面的定义却发现资本来源国生产率与对外投资的二元边际均负相关。此外，Razin 等（2004，2007，2008）还关注了东道国生产率的影响，认为东道国的生产率可能能同时促进外资在集约边际上的扩张和削弱扩展边际扩张。

上述文献强调了生产率在投资二元边际中的重要作用，但是，融资约束、制度距离的存在却制约着对外投资的生产率效应（Buch et al.，2014；Cezar and Escobar，2015）。Buch 等（2014）指出，由于企业可能需要外部融资来承担进入国外市场的成本，所以融资约束会对企业的跨国扩张形成阻碍。他们利用 2002~2005 年德国企业数据发现融资约束确实制约着企业特别是高生产率企业的扩展边际对外扩张。Cezar 和 Escobar（2015）认为，制度距离提高了 ODI 盈利下的生产率门槛，从而降低了企业在外国投资的可能性及其投资总量，对投资扩展边际和集约边际均有抑制作用。与此不同，Berden 等（2014）、Paniagua 和 Sapena（2014）是从东道国的角度考虑制度对吸引外商投资二元边际的影响，所得结论也不尽相同。

部分学者重点讨论了双边投资协定、企业税率、税收以及税收协定对 ODI 二元边际的影响（Razin and Sadka，2007；Davies et al.，2009，2016；Egger and Merlo，2012；Marques and Pinho，2014；Falvey and Foster，2015）。Egger 和 Merlo（2012）指出，双边投资协定（Bilateral Investment Treaty，BIT）是少数可以直接吸引外商投资的政策性工具之一。他们基于 1996~2005 年德国跨国公司微观数据的经验研究发现，BIT 同时促进了投资的扩展边际和集约边际。Falvey 和 Foster（2015）却认为 BIT 影响的仅是投资的扩展边际而非集约边际。事实上，造成这些结论有所差异的一个重要原因是二元边际的定义内涵不同。前者从企业层面定义扩展边际为跨国母公司数量，集约边际为子公司规模；后者则从国家层面定义，定义新建立和已有投资关系投资额分别为扩展边际和集约边际。Marques 和 Pinho（2014）的研究也发现，若以跨国公司新建子公司的固定资产来度量投资的集约边际，那么东道国的企业税率对其没有显著影响，若以平均在职员工人数来度量则有负向影响。对于双边税收协定因素，投资二元边际定义的不同也可能会使研究结论具有很大差异。例如，Davies 等（2009）

利用 1965~1998 年瑞士跨国公司的数据发现税收协定的实施对瑞士对外投资的集约边际作用甚微，但能显著促进投资的扩展边际；而 Marques 和 Pinho（2014）却发现双边税收协定的签订不管是对投资的扩展边际还是对集约边际均有促进作用。

还有学者从移民的角度考察了跨境投资所受到的影响。Cuadros 等（2016）指出，移民可以通过向移民国家投资者提供有关原籍国家的信息，分享原籍国家法律法规、海关和相关程序的专业知识来帮助其减少跨境投资障碍、降低交易成本；还可以通过给投资者提供原籍国家有价值的融资信息，缓解分支机构的信贷约束。他们利用 2003~2012 年 140 个国家和地区的数据检验发现移民国向原籍国家投资不管是项目数量即扩展边际还是投资总量即集约边际均有促进作用。Burchardi 等（2016）对美国移民祖籍构成的研究也发现，移民有利于提高美国企业对外投资的可能性即投资的扩展边际，也能促进跨国子公司的规模即投资的集约边际。

除了上述研究的角度外，一些学者也探讨了国际工资差异（Muendler and Beckera, 2010）、全球系统性银行危机（Gil-Pareja et al., 2013）、环境规制（Chung, 2014）、能源市场一体化（Costa-Campi et al., 2015）、社会企业家活动（Paniagua et al., 2015）和投资促进机构（Ni et al., 2016）等对境外投资二元边际的影响，形成了丰富的研究结论。此外，还有一些学者不仅关注对外投资二元边际的某一影响因素，而且对可能的因素进行全面的探索和分析，包括 Yeaple（2009）、Eicher 等（2012）和 Araujo 等（2017）的研究。

（2）经济后果。从笔者掌握的文献看，涉及对外投资二元边际经济效应的文献仅有 Bronzini（2015）和 Toshiyuki（2015）两篇。Bronzini（2015）利用意大利跨国公司的数据检验了对外投资的扩展边际和集约边际对母公司就业的影响。研究发现水平型跨国企业首次向境外投资两年后，其就业水平略高于同期本国其他企业的就业水平，即水平型投资的扩展边际能促进母公司就业。已经在海外有业务经营的跨国公司，其国内国外就业呈正相关关系，子公司就业水平的提高同时会带动母公司就业增长，即投资的集约边际也能促进母公司就业。Toshiyuki（2015）采用日本汽车零部件供应商的数据检验了企业对外直接投资二元边际对母公司绩效的影响。研究结果表明：跨国公司的 ODI 主要是通过扩展边际对母公司绩效产生作用的。具体而言，投资集约边际对企业绩效没有显著影响，而扩展边际对企业销售额、雇佣数量、全要素生产率均有显著正向影响，并且企业首次建立投资分支比后续继续建立投资分支对母公司绩效的影响更加深远。

第二节 对外直接投资的逆向技术溢出效应

新经济增长理论强调，通过科学研究取得并应用于商品和服务生产过程中的知识是经济长期增长的重要引擎。随着各国贸易体系不断开放、国际资本流动日趋自由化，国际技术在全球范围内扩散。一国技术水平的提高不仅取决于本国研发的投入，也有可能受益于其他国家的研发活动。大量研究试图从经验上检验本国 R&D 资本的形成以及国际技术的外溢对一国生产结构和技术水平的影响，如 Coe 和 Helpman（1995）、Pottelsberghe 和 Lichtenberg（2001）、Park（2004）、Le（2008）、吴延兵（2008）。研究结论基本一致，均认为一国国内研发支出显著影响该国技术水平，同时投资、贸易伙伴国家的研发资本也会对该国生产模式和生产效率产生重要作用。

知识的传播和技术的扩散可以通过以下途径实现：①国际贸易：高技术产品的进口（Coe and Helpman，1995；Coe et al.，1997；Kwark and Shyn，2006；蒋仁爱和冯根福，2012）。②外国技术的引进：直接购买使用外国技术（Soete and Patel，1985；刘重力和黄平川，2011）。③获得人力资本（Park，2004；Le，2008；Le and Bodman，2011）。④外商直接投资（Bodman and Le，2013；Hamida，2013）。

目前国内外学术界对前述四种溢出渠道给予了极大的关注，但实际上，对外直接投资也是国际技术扩散的重要渠道之一（Ambos et al.，2006；Mudambi et al.，2014）。Kogut 和 Chang（1991）较早提出 ODI 逆向技术溢出设想，他们通过分析1976~1987年日本对美国的直接投资行为，发现当时日本对美国的投资主要集中在研发密集型制造业，他们认为这些日本跨国公司的主要目的是获取美国的先进技术。随后，一些学者开始关注ODI的逆向技术溢出机理，形成了一系列有益的理论或经验性检验文章。

Fosfuri和Motta（1999）构建了一个简单的古诺模型，得到了与以往学者相反的观点，他们认为具备先进技术的企业为了防止技术流失会优先考虑以出口的方式进入国外市场，而没有竞争优势的落后国家跨国公司却能够通过海外子公司获取发达国家的先进技术，他们的模型为Kogut和Chang（1991）等学者提出的ODI逆向技术溢出猜想提供了理论支撑。Siotis（1999）构建了一个类似的模型，同时考虑了国内外企业的双向技术溢出，也支持对外直接投资存在逆向技术溢出的观点。

然而，更多的学者认为对外投资对母国整体生产率的影响究竟是正向还是负向，本质上是一个实证的问题（Castellani and Pieri，2016）。目前，学术界对ODI逆向技术溢出效应的研究文献大致可以分为三类：第一类文献主要探讨逆向溢出效应的存在性问题；第二类文献侧重分析逆向溢出效应的地区、行业和企业异质性；第三类文献重点关注影响逆向技术溢出的因素。

（1）存在性检验。传统的观点认为，生产率高的企业才会进行对外直接投资，投资的结果会对东道国的技术水平产生正向的影响。而Potterie和Lichtenberg（2001）采用美国、日本和11个欧洲国家的面板数据发现了与以往研究截然不同的结论，他们认为对外投资是一国获取技术的重要渠道，但是通过ODI的技术逆向转移是单向的，即研发密集型国家的对外直接投资对东道国的技术水平无明显提升作用时，一国对研发密集型国家的直接投资才存在显著的逆向技术溢出效应。Bodman和Le（2013）在对1982~2003年15个工业化国家的研究中考虑了地理距离在国家间技术外溢过程中可能起到的阻碍作用，结果也表明ODI是技术跨国溢出的重要渠道。类似地，Iwasa和Odagiri（2004）、Branstetter（2006）对日本企业在美国直接投资的研究，Globerman等（2000）、Lööf（2009）对瑞典，Chen等（2012）对57个新兴经济体，Nair等（2016）对印度，Damijan等（2017）对东欧和中欧国家对外直接投资的研究也均认为外向 FDI 存在逆向技术溢出效应。也有学者从东道国的视角研究一国外资企业对母国的技术转移情况，Chung 和 Alcácer（2002）通过研究 1987~1993 年投资于美国各州制造业的外国企业，发现各州的平均研发强度与吸收的外国资本存在显著相关关系，说明美国的外资企业具有较强的技术寻求动机，他们的进一步研究还发现即使是技术处于全球领先地位的企业也存在技术寻求动机，说明跨国企业不仅希望通过对外直接投资提升自身技术水平，同时也追求技术多样性。Driffield 和 Love（2003）、Driffield 等（2009）对英国外资企业的研究也发现投资于英国的企业对其母国生产率具有积极的溢出效应。类似地，Driffield 等（2010）使用意大利 921 家国外子公司的官方数据，也发现 30% 的子公司存在双向技术流动，其中 6% 的外资企业存在子公司到母公司单向技术流动。

然而，也有部分学者存在不同的观点。Castellani 和 Pieri（2016）使用更为细致的数据研究了欧洲国家的对外直接投资情况，他们首次利用 27 个欧盟国家州（省）级层面（NUTS 2）2007~2011 年的数据探究了跨国公司的对外投资对本区域生产率的影响。结果表明，对外直接投资企业对母国生产率存在负向影响。Lee（2006）、Bitzer 和 Kerekes（2008）、Bitzer 和 Gorg（2009）对 OECD 国家的研究以及 Braconier 等（2001）对瑞典跨国公司的研究也都认为，ODI 对母国的逆向技术溢出效应并不明显。

国内对 ODI 逆向技术溢出存在性的研究起步较晚，但也得到了丰富的研究成果，然而遗憾的是，至今未形成统一的意见。赵伟等（2006）、刘宏和张蕾（2012）尝试梳理了中国外向 FDI 影响母国技术的机理并基于中国国家层面的数据进行了探索性的实证检验，研究发现 ODI 有利于促进中国全要素生产率的增长。崔敏和魏修建（2016）、潘雄锋等（2016）基于中国省际层面的研究也认为中国对外直接投资存在逆向技术溢出效应。随着微观数据可获得性的提高，也有学者开始从企业层面对 ODI 逆向技术溢出效应的存在性进行检验。蒋冠宏等（2013）以 2005~2008 年中国对外投资的工业企业作为研究对象，检验发现技术研发型 ODI 存在"生产率效应"。肖慧敏和刘辉煌（2014b）的研究结果也认为企业可以从 ODI 的"学习效应"中获得技术效率的提高。

毛其淋和许家云（2014b）、李梅和余天骄（2016）、李宏兵和文磊（2016）等的研究也得到类似的观点。然而，也有部分学者质疑中国 ODI 逆向技术溢出效应的存在性。王英和刘思峰（2008）利用 1985~2005 年的数据，发现以对外直接投资为传导机制的国际研发溢出并没有对中国的技术进步起到促进作用。他们认为中国的 ODI 可能对国内投资产生"挤出效应"，从而不利于国内技术的进步。此外，国际技术传递渠道的复杂性以及中国自身吸收能力问题也是影响逆向技术溢出的重要原因。李梅（2012）、肖文和林高榜（2011）的研究也得到类似的结论。

（2）异质性检验。在不同的地区、行业和企业，ODI 的逆向技术溢出效应是否相同，还是具有明显的差异？这一问题同样是国内外学者关注的焦点问题。Herzer（2011）在对全球 33 个发展中国家 1980~2005 年对外直接投资情况的研究结果中发现，不同国家的吸收能力是有差异的，大多数发展中国家的对外直接投资存在逆向技术溢出效应，但是个别国家存在 ODI 抑制母国技术创新的现象。李梅和柳士昌（2012）对中国的实证研究结果认为积极的 ODI 逆向技术溢出效应仅发生在中国的东部地区。同样是对中国不同地区的研究，沙文兵（2012）、郑展鹏（2014）的研究则发现，中国东、中部地区的对外投资均能促进该区域的技术创新，但对西部地区的技术水平没有显著提升作用。从东道国发展程度来看，国外文献大多认为投资发达国家更能提高母国的技术水平（Mathews, 2006; Chen et al., 2012; Nair et al., 2016）。然而，国内学术界对中国在不同发展程度东道国直接投资的研究却存在两种完全对立的观点。一种观点认为，相比投资发展中国家，投资发达国家更能促进企业效率的改进（毛其淋和许家云，2014b；肖慧敏和刘辉煌，2014b；陈晔婷等，2016；齐亚伟，2016）；另一种观点则认为，投资于发展中国家的企业生产率提升更大（蒋冠宏和蒋殿春，2014b；袁其刚和樊娜娜，2016）。也有学者从行业异质性的角度展开研究，Castellani 和 Pieri（2016）对 27 个欧盟州际层面的研究发现对外直接投资的逆向技术溢出效应存在行业差异，对外直接投资对母公司所在区域生产率的负向作用主要存在于制造业，而对分销机构的投资则有利于本地区生产率的提高。Damijan 等（2017）对中欧和东欧国家的研究发现对母公司的逆向技术溢出效应主要体现在制造业，服务业对外直接投资对母国技术水平无显著影响。李杏和钟亮（2016）、叶娇和赵云鹏（2016）关注了中国不同行业的对外直接投资情况，他们的研究结果发现中国 ODI 逆向技术溢出效应也存在行业异质性。此外，还有学者从经营范围、投资经验、企业性质等方面探讨了中国企业 ODI 逆向技术溢出的差异性。毛其淋和许家云（2014b）指出多样化型 ODI 和研发加工型 ODI 比贸易销售型 ODI 对企业创新的影响程度更大。肖慧敏和刘辉煌（2014a）认为持续对外投资的企业能获得更高的生产率及技术溢价。严兵等（2016）基于江苏省对外投资企业的研究发现，国有企业 ODI 的"生产率效应"高于民营企业；非出口企业、有研发投入的企业对外投资均有利于提升企业生产率，对应地，出口企业、没有研发投入的企业"生产率效应"不明显；低技术企业 ODI 对生产率的提升作用高于高技术企业，这一结论在李宏兵和文磊（2016）研究中也得到了验证。

（3）影响因素。海外研发存量、东道国制度因素等决定了 ODI 溢出源的大小，而母国吸收能力则决定了摄取溢出的程度。对于一国对外直接投资逆向技术溢出的影响因素，国内外既有文献主要从母国自身和东道国两方面因素进行了有益的探索，学者们尝试从不同角度解释 ODI 存在或不存在逆向技术溢出的原因。Ambos 等（2006）强调了母公司吸收能力在 ODI 逆向技术溢出中的作用，他们认为子公司传输给母公司的知识量与跨国公司从这些知识获得的收益并无很大关系，一些跨国公司从子公司接收很少量的知识，但是可能对整个跨国公司的运作产生深远的影响，而有些跨国公司可能从子公司获取大量的知识，却无法转化成对自身有用的技术，因此母公司拥有良好的吸收能力和技术整合能力是至关重要的。Yang 等（2008）进一步深化了对母公司吸收能力的研究，他们认为技术关联在逆向技术溢出的作用相对明显，母公司更容易吸收与自身技术关联性较强的新技术。Bodman 和 Le（2013）则认为一国国际投资开放度和人力资本对吸收国外研发资本有重要作用，他们的实证研究发现，一国投资越开放，生产率增长越快；人力资本越高，ODI 逆向技术溢出效果越强。李梅和柳士昌（2012）利用中国省际面板数据的研究也强调了中国不同地区的吸收能力在 ODI 逆向技术溢出中的重要作用。Mudambi 和 Navarra

(2004)以及Mudambi等(2014)则强调了子公司创造技术和转移技术的意愿在ODI逆向技术溢出中的重要性,他们认为转移意愿是子公司对总部讨价还价的筹码,子公司可以在东道国学习创造并转移技术回母公司,但也可以设法阻碍这种转移作用。Andersson等(2014)通过分析七个欧洲国家的外资企业,强调了东道国良好市场环境对跨国企业子公司创新能力的重要影响,进而影响子公司对母公司的逆向技术溢出。Criscuolo和Verspagen(2008)认为距离(包括地理距离、文化距离甚至时间距离等)对技术传播有重要影响。事实上,随着距离的增加,母公司与子公司的交流将会变得更加困难,因此距离会增加逆向技术溢出的成本。沙文兵(2014)、欧阳艳艳(2010)对中国对外直接投资的研究认为东道国的创新能力和经济发展水平会对中国ODI逆向技术溢出产生正向影响。还有一些学者重点关注了东道国的制度因素,包括知识产权保护制度、公共治理效率、技术市场体制,指出东道国知识产权保护制度越健全(沙文兵,2014;蔡冬青和刘厚俊,2012)、公共治理效率越高、技术市场体制越完善(蔡冬青和刘厚俊,2012),越有利于促进中国ODI的逆向技术溢出。此外,逆向技术溢出效应还受东道国与中国之间的文化差异的影响,差异越大对ODI技术外溢的阻力越大(沙文兵,2014)。

第三节 对外直接投资的出口效应

对外直接投资和出口是一个企业进入国际市场的两种重要方式,对外直接投资和出口之间的关系也是近半个多世纪以来国内外学者关注的重点。早期学者以理论研究为主,后来越来越多的学者认为对外直接投资与出口的关系是一个实证问题,不同地区甚至同一地区不同时期会出现截然不同的表现。

(1)理论研究。Mundell(1957)较早关注了资本流动与商品贸易的关系,基于H-O-S模型的研究框架在理论上证明了对外投资与出口之间存在替代作用。根据H-O-S模型,在不存在贸易壁垒的情况下,劳动要素禀赋较高的国家将出口劳动密集型产品，而资本要素禀赋较高的国家则出口资本密集型产品。Mundell 认为当存在关税且劳动力无法在国际间自由流动时，资本要素禀赋较高国家的对外直接投资会替代资本密集型商品的出口。Vernon（1966）则从产品生命周期的角度阐述了对外直接投资与出口的替代关系。产品生命周期理论认为，在产品生命周期的初始阶段会倾向于在国内生产并通过出口的方式进入国际市场，随着产品的逐渐成熟和标准化，国际竞争愈发激烈，创新国企业会将其生产转移到成本更低的国家，创新国的对外投资逐渐替代了出口。Hirsch（1976）从成本角度建立理论模型探讨跨国公司进入外国市场的方式时也默认了对外直接投资与出口的相互替代关系，认为跨国公司选择出口还是FDI 进入外国市场取决于两种进入方式成本的大小，企业在高生产成本的东道国选择出口，而在低生产成本的东道国选择 FDI。与 Hirsch 的观点不同的是，Buckley 和 Casson（1976，1981）的内部化理论认为，生产成本并不是企业决定 FDI 的唯一因素。他们认为跨国公司会综合考虑销售成本和运输成本，如果一个企业的内部化成本低于总出口成本，跨国公司才会选择通过对外直接投资进入国外市场，但不变的是他们对 ODI 与出口的关系也是持替代观点。Dunning（1977）的国际生产折中理论进行了更为全面的思考，认为当跨国公司同时拥有所有权优势、区位优势和内部化优势时，会选择对外直接投资，通过国际化生产来替代出口。跨国公司会充分发挥其所有权优势，通过控制特定资产以降低其外国子公司的生产成本并获取更高的利润。

然而，有学者发现当时日本等一些国家的实际对外投资情况并未出现上述理论预期的替代作用。于是有学者尝试提出新的理论模型来解释现实中存在的互补作用，其中以小岛清（1977）的边际产业扩张理论最具代表性。边际产业扩张理论从投资比较优势这一全新的角度讨论了对外直接投资和贸易之间的关系，提出 FDI 与贸易互补的观点。他以比较优势理论为基础，同时引入国际化分工理论来解释日本 20 世纪六七十年代的对外投资现象，认为对外投资的产业往往在本国已经不存在比较优势，但是在东道国仍然相当有竞争力，这能促进双方产业结构的升级，加快两国之间的贸易。Schmitz 和 Helmberger（1970）认为，要素和产品的流动究竟是替代还是互补关系取决于分析框架和

第二章 文献综述

所使用的基础假设，他们的模型也给出了一种常见互补关系的情况，即当发达国家对资源丰富的发展中国家投资时就会带动其生产资料的出口。Helpman（1984）、Helpman 和 Krugman（1985）使用一般均衡模型从产品差异化的角度解释了贸易和 FDI 同步快速增长的现象。他们认为在垂直分工的前提下，由于产品的差异化，加之为了维护公司特有优势，跨国公司会为子公司提供大量特有资产，从而促进母国的出口。

Markusen 和 Svensson（1985）的要素比例模型则认为对外直接投资与出口的关系会随着不同要素之间关系的变化而呈现差异。他们从技术差异的角度探讨了两国商品贸易和生产要素流动之间的关系，发现商品贸易和要素流动是替代还是互补关系取决于贸易要素（资本）和非贸易要素（劳动）是合作还是非合作以及贸易要素需求是否具有弹性。如果资本要素需求是非弹性且资本要素和劳动要素之间是合作的，那么商品贸易和资本流动是替代关系；反之，如果资本要素需求是弹性的且资本要素和劳动要素之间是非合作的，则商品贸易与资本要素流动是互补关系。

（2）实证研究。国内外学者对不同国家不同时期对外直接投资与出口之间的关系做了大量的实证研究，但是也未能得到一致结论。早期以美国为研究对象的实证文章多认为对外直接投资替代了出口。例如，Horst（1972a，1972b，1977）发现当东道国提高关税时，跨国公司产品在东道国的价格会提高，因而其会扩大在东道国的生产规模以规避高的关税，出口被 ODI 所替代。事实上，通过提高关税将进口需求转化为 FDI 是发展中国家常用的方法，所以低水平的市场中贸易和 FDI 往往表现出相互替代的关系。Adler 和 Stevens（1974）的研究也发现，如果国内外母、子公司的产品之间是完全或部分替代的，那么子公司的销售会不同程度替代出口。

近期的实证研究多认为对外直接投资对出口的替代作用只有在特定的条件下才成立。如以 Helpman 等（2004）为代表的研究关注了企业异质性的影响。他们基于美国的研究发现，生产率最高的企业选择通过对外投资服务国外市场，对出口有替代作用，而生产率水平较低的企业则倾向于出口而非 ODI。Kimura 和 Kiyota（2006）对 1994~2000 年日本企业的研究同样发现生产率水平在企业海外扩张策略中的决定性作用，不同的是，他们认为出口与 FDI 的替代作用仅存在于中等生产率水平的企业。Oberhofer 和 Pfaffermayr（2012）指出，跨国公司的规模以及年限对其海外扩张方式的选择也有影响，他们利用欧洲国家企业的数据发现，规模大、年限久的企业更倾向于同时进行海外投资和出口，而规模较小的企业往往会选择以出口的方式服务海外市场。此外，Daniels 和 Ruhr（2014）认为对外直接投资与出口之间的关系会因行业性质的差异而有所不同，制造业水平型 ODI 与出口有替代关系，而服务业无显著相关关系。Head 和 Ries（2001）对日本制造业企业的研究也支持了这一结论，认为对无须向海外子公司提供中间品的企业而言，对外投资对出口有替代作用。

研究垂直型 ODI 与出口关系的文献结论基本是一致的，均认为垂直型 ODI 能促进中间品、生产设备等的出口，两者呈互补关系。Lipsey 和 Weiss（1981，1984）实证检验了美国 14 个行业在全球 44 个国家的投资和出口情况，发现美国的 ODI 能显著促进美国中间品的出口。他们指出，对外直接投资还可以通过子公司的品牌效应提高母公司其他产品在东道国的销量。Lim 和 Moon（2001）对韩国跨国公司的研究则表明，子公司在建立初期往往需要向母公司进口生产资料，子公司的年限越短，ODI 对出口的促进作用越明显。Seo 和 Suh（2006）利用 1987~2002 年韩国对东盟四国的数据发现，长远来看对外直接投资与出口没有明显的替代或者互补关系，但是短期内东道国对零部件、中间品或者生产设备的需求会在一定程度上促进资本来源国的出口。此外，很多学者对以日韩为代表的亚洲地区的研究也得到了对外直接投资促进出口的结论，如 Yamawaki（1991）、Head 和 Ries（2001）、Lin（1995）、Nishitateno（2013）、Ahmad 等（2016）；等等。

近几年的研究大多认为对外直接投资对出口的作用是多样的，应该分不同情况进行分析。例如，Kang（2012）认为一国在发达国家和在发展中国家的投资行为具有很大差异，他在对 1988~2006 年韩国的研究中发现，韩国对发展中国家的直接投资与出口存在互补关系，但是对发达国家 ODI 来说则对出口无显著促进作用。Wong 和 Goh（2013）强调了行业的异质性，指出新加坡商业的 ODI 能通过增加公司内部中间产品的贸易促进出口，而服务业的 ODI

与出口无显著相关关系。Chiappini（2016）对日本的研究则发现，对外直接投资与出口的互补关系主要存在于制造业，特别是机电、运输设备和机器机械行业；而工业的 ODI 对出口存在替代作用。Liu 等（2016）提出了钟摆引力模型，认为随着对外直接投资发展程度的提升，ODI 与出口从互补关系转变成替代关系。他们的实证研究结果也支持发展中国家到发达国家的直接投资对出口有互补作用，而发达国家到发展中国家的 ODI 却替代了出口的结论。

（3）中国的研究。国内外学者对中国对外直接投资出口效应的研究起步较晚，但所得到的结论相对一致。一般认为中国对外直接投资与出口存在互补关系（张应武，2007；项本武，2009；陈立敏等，2010；谢杰和刘任余，2011；张春萍，2012；刘再起和谢润德，2014；蒋冠宏和蒋殿春，2014a；毛其淋和许家云，2014c；Chen and Tang，2014；Liu and Lu，2015；顾雪松等，2016），只有少数学者认为中国 ODI 对出口无显著影响或者影响微弱（蔡锐和刘泉，2004；张如庆，2005；柴庆春和胡添雨，2012；王杰等，2016；Lin，2016）。

在东道国差异性的分组检验中，学者们各持己见。首先，王胜等（2014）的研究表明，中国在发达国家以及非资源型发展中国家的 ODI 对出口有替代作用，而在资源丰富的国家的投资存在出口创造效应。Lin（2016）的研究同样认为中国在发达国家的直接投资在一定程度上替代了出口。相反，张春萍（2012）、张纪凤和黄萍（2013）认为，不管东道国的发展程度如何，中国的 ODI 与出口之间始终是互补关系。类似地，中国在不同收入水平国家的投资的出口效应也存在两种截然相反的观点。周昕和牛蕊（2012）基于宏观层面的数据发现中国在高收入国家的 ODI 会减少出口，而蒋冠宏和蒋殿春（2014a）基于企业层面的数据却发现中国在高收入水平国家的投资对出口的促进作用最为明显。其次，对于不同投资动机的 ODI，其出口效应也呈现差异。蒋冠宏和蒋殿春（2014a）将中国制造业企业 ODI 分为商贸服务型、当地生产销售型、技术研发型和资源开发型四大类，研究发现商贸服务型 ODI 对出口有促进作用，但是后三类 ODI 对出口无显著正向影响。无独有偶，乔晶和胡兵（2015）的研究也发现商贸服务型 ODI 存在显著的出口创造效应，但是当地生产销售型 ODI 则未表现出稳健的出口效应。此外，还有学者关注了企业出口持续时间的问题，认为中国的 ODI 不但对出口额有促进作用，而且还能有效延长企业出口持续时间（毛其淋和许家云，2014c；王杰等，2016）。顾雪松等（2016）则强调了产业结构差异的重要性，认为中国与东道国之间的产业结构差异越大，ODI 对出口的促进作用越明显。

第四节 对外直接投资的就业效应

虽然以中国为代表的发展中国家在近年来对外直接投资中呈现出快速上涨的趋势，但是过去几十年全球的对外直接投资一直是以发达国家为主导。其中最为常见的是将劳动密集型产业转移到劳动力价格较低的发展中国家。对此，很多发达国家的公众、政府害怕对外直接投资会减少对一国内部的投资进而减少母国的就业机会。随着欧美等发达国家"制造业空心化"的声音不断出现，大量学者开始关注对外直接投资对母国就业市场的影响。对外直接投资究竟是增加还是减少了母国的就业机会一直存在争议：一方面，跨国公司向国外转移生产活动的时候，会减少母公司同类生产活动的就业人数；另一方面，对外直接投资往往能增加跨国公司的生产效率、增加公司的全球竞争力，一般会有助于公司最终产品需求的提高，从而会增加保留在国内母公司的业务的人员需求。

Kravis 和 Lipsey（1988）较早关注了对外直接投资的母国就业效应，他们对美国跨国公司的研究发现，对外直接投资活动会减少美国本土的就业量。Brainard 和 Riker（1997）使用 1983~1992 年美国跨国企业及其国外子公司的数据，也发现投资于低劳动力成本国家的子公司会对母公司劳动力需求存在少许替代作用，例如他们发现墨西哥劳动力价格下降 10%，会使母公司减少 0.17% 的岗位需求。Blomström 等（1997）、Lipsey 等（2000）的研究也得到类似的结论。除了美国，学者们对其他国家的研究也证明了对外直接投资对母国就业替代效应的存在性，如 Driffield 等（2009）和 Simpson（2012）分别从行业层面和企业层面对英国对外直接投资的母国就业效应进行了实证研究，均认为英国 ODI 对本国就业有抑制作用，Braconier 和 Ekholm（2000）以及 Becker 等（2005）对瑞典跨国公司的研究、Debaere 等（2010）对韩国的研究也均支持对外直接投资抑制母国就业的观点。然而，也有部分学者持相反的观点。Slaughter（2000）使用美国 1977~1994 年行业层面数据的研究发现，跨国公司的对外直接投资行为对美国劳动力需求有少许增加作用。Hakkala 等（2014）、Federico 和 Minerva（2008）、Becker 和 Muendler（2008）、Masso 等（2008）、Yamashita 和 Fukao（2010）分别对瑞典、意大利、德国、爱沙尼亚和日本跨国企业进行研究，也均得到对外直接投资促进母国就业的结论。Hayami 等（2012）和 Nakamura（2013）则认为，由于日本法律规定等特殊情况，日本雇佣关系相当牢固，直接研究 ODI 对日本国内就业的影响很难得到可靠的结果，因而他们从工资的角度进行研究，也均得到日本对外直接投资有利于国内员工工资增长的结论。此外，还有学者认为 ODI 对母国就业无显著影响，如 Blomström 和 Kokko（2000）对 1986~1994 年瑞典跨国公司的研究发现瑞典跨国公司平均每年消失 1/5 的工作岗位，但是同时产生等量的新岗位，总体就业水平无显著变化。Navaretti 和 Castellani（2004）使用倾向评分匹配法实证研究了意大利 1993~1998 年企业层面的数据，也发现与没有进行 ODI 的企业相比，总体而言 ODI 企业的就业无显著变化。

为了探究一国对外直接投资与母国就业的关系未能得到一致结论的原因，学者们从行业差异、东道国发展差异、劳动者类型差异等角度进行深入分析，得到更为丰富的结论。

（1）行业差异。已有学者对不同行业 ODI 母国就业效应的研究结论较为一致，多认为制造业对外直接投资对母国就业的替代性更强（Kravis and Lipsey，1988；Lipsey，1995，1999）或促进作用更弱（Bajo-Rubio and Diaz-Mora，2015；Masso et al.，2008），而服务业 ODI 对母国就业有更弱的替代性（Kravis and Lipsey，1988）或更强的促进作用（Bajo-Rubio and Diaz-Mora，2015；Masso et al.，2008）。事实上，由于服务业的可贸易性较弱，且其服务过程难以拆分，无法像制造业一样将生产流程分解到全球各国，因而服务业对外直接投资对母国就业的替代性十分有限,相反,由于需要对子公司进行管理和提供总部服务,反而会增加母公司的人才需求。Lipsey(1995,1999)对美国制造业进行更为细致的分析,发现即使同属制造业,不同细分行业的对外直接投资对母国就业的影响也是有差异的,如机械设备行业的 ODI 对母国出口有促进作用,而运输设备行业则存在负向影响。Sakura 和 Kondo(2014)则重点关注了日本服务业 ODI 的母国就业效应,发现零售业、建筑业、个人和商务服务业、批发业和交通运输业的对外直接投资对日本本国就业有促进作用,他们认为这些行业的 ODI 不仅不会替代其国内业务,反而会增加这些行业的国际化程度,进而有助于提升市场需求,因而会增加国内的就业。相反,IT 行业的 ODI 会减少国内就业,他们给出的解释是 IT 服务的可替代性较强。

(2)东道国发展差异。多数学者认为一国投资于低收入的发展中国家会替代母国就业,而投资于高收入的发达国家则会对本国的就业需要有提升作用,主要原因是在低收入发展中国家的投资主要是为了寻求当地廉价劳动力,会将国内劳动密集型产业转移到低收入国家,因而会对母国就业市场产生较大冲击,而投资于发达国家多是为寻求更大的市场,反而会带动国内的投资,进而增加国内的就业(Brainard and Riker,1997;Harrison et al.,2007;Harrison and McMillan,2011;Debaere et al.,2010;Bajo-Rubio and Diaz-Mora,2015)。Braconier 和 Ekholm(2000)对瑞典跨国公司的研究却得到相反的观点,他们的实证研究结果发现瑞典跨国公司对高收入国家的投资对母国就业有负向影响,而对低收入国家的投资则对国内就业无显著影响。Bruno 和 Falzoni(2003)的研究也支持这个观点,他们发现无论从短期还是长期来看,美国对加拿大和欧洲的投资对母国就业均具有替代性;而对拉丁美洲的投资,尽管从短期来说存在替代性,但是从长期来看母公司与子公司的就业成互补关系。

(3)劳动者类型差异。对不同类型的劳动者,已有研究多认为一国低技能劳动者受 ODI 的冲击更为严重,而高技能劳动者则更能从对外直接投资中获益。如 Driffield 等(2009)和 Simpson(2012)对英国的研究均发现对外直接投资会减少母国的劳动力需求,而低技能劳动者岗位的减少更为严峻。类似地,Becker 和 Muendler(2008)使用倾向评分匹配法检验了德国所有跨国公司在国内的就业情况，发现跨国公司对外直接投资有助于国内失业率的减少，且相对于低教育水平劳动者，ODI 对德国国内高教育水平劳动者就业的促进作用更为明显。Hayami 等（2012）、Nakamura（2013）从工资的角度研究日本 ODI 对母国就业市场的影响也发现，日本 ODI 有利于国内员工工资的增长，但是管理人员等级别较高的员工涨幅更大。

以上文献均以单一国家为样本进行研究，Konings 和 Murphy（2006）则选取了一个比较独特的样本，他们收集了所有母公司在欧洲的跨国公司以及这些公司在欧洲的所有子公司的数据，实证研究结果发现仅在高收入北欧国家制造业的外资企业的就业对母公司就业有替代作用，而投资于其他行业或者其他欧洲国家均对母公司就业无显著影响。Schmerer（2014）则以 OECD 国家为例，他提出一个关于劳动市场摩擦的跨行业贸易模型，得到一国 FDI 净流入量与失业率成反比的结论，即 FDI 流入量不变的情况下，ODI 越多则母国失业率越高。之后他对 19 个 OECD 国家失业率与净 FDI 数据进行检验，也支持理论模型结论。

对比发达国家丰富的研究成果，国内学者对中国 ODI 母国就业效应的研究十分有限，近几年才有少数学者开始关注中国 ODI 的母国就业效应，得到的结论较为一致，多认为中国 ODI 对国内就业有促进作用。

张海波和彭新敏（2013）、张建刚等（2013）均使用 2003~2010 年的省际面板数据，实证结果却存在较大差异。张海波和彭新敏（2013）认为，总的来说 ODI 对国内就业存在替代作用，他们的进一步分析认为中国高收入地区的对外直接投资对就业有促进作用，替代作用则主要出现在中等收入地区，而低收入地区的 ODI 则对国内就业无显著影响；他们从不同教育水平的分组检验中发现促进作用发生在高教育水平地区，而中低教育水平地区的 ODI 对国内就业存在显著替代作用。与张海波和彭新敏（2013）的结论不同，张建刚等（2013）认为中国 ODI 对国内就业的创造效应大于替代效应，且创造效应主要出现在东部地区，而西部地区则是替代作用占主导。李磊等（2016）、蒋冠宏（2016）均使用企业层面的数据，结论较为一致，均认为总的来说 ODI 对就业有促进作用。李磊等（2016）使用系统 GMM 方法估算了中国 2003~

2013年的数据,发现ODI对中国就业有促进作用,且促进作用随企业对外直接投资次数的增加而增加;而不同所有制企业、不同投资地对中国的就业效应与总样本无显著影响。蒋冠宏(2016)使用倾向得分匹配法对中国2005~2007年1016家企业数据进行考察,发现ODI对中国就业有促进作用,且商贸服务类投资对国内就业的促进作用尤为明显;不同国家的分类检验发现促进作用主要出现在高收入国家的投资,但是对中低收入国家的直接投资也未出现替代国内就业的现象。

毛其淋和许家云(2014a,2014d)、袁其刚等(2015)则从工资的角度研究中国ODI对国内就业市场的影响,他们均使用倾向得分匹配法检验企业层面的数据,结果均认为ODI有利于中国平均工资的提高。毛其淋和许家云(2014a,2014d)认为,ODI对国内工资的提高作用具有持续性且逐年递增,他们通过检验ODI对国内工资差距的影响后认为随着企业进行ODI,工资提高幅度更大的是技能工人。袁其刚等(2015)使用2005~2011年的数据,除了得到ODI对国内平均有正向作用外,还发现所有制对中国ODI的母国工资效应无显著影响,而不同地区的检验发现中西部地区的工资受ODI的影响较大。

第五节 文献评述

随着对外直接投资研究的深入,学者们分析的视角逐渐从一元的总量分析扩展到二元的结构特征分析,研究日益细化、深化。既有涉及投资二元边际的文献着重于探讨其驱动因素,学者们不仅关注了一国资本"走出去"的内生动力(Chen and Moore,2010;Buch et al.,2014;Cuadros et al.,2016;等等),同时还考察了东道国外生的拉动因素(Razin et al.,2004,2008;Paniagua and Sapena,2014;Berden et al.,2014)。截至目前,研究所形成的结论迥然各异,但肯定的是,不同因素对对外直接投资二元边际的影响是不同的,即使是同一影响因素,投资扩展边际和集约边际的反应也是有所差异的。由此可见,二元边际视角的引入有其必要性，不仅有利于揭示一国对外直接投资的结构性特征，而且还可以深入挖掘不同维度对外扩张方式的影响因素和经济效应差异。

尽管学术界对影响因素的研究日渐丰富，但关于对外投资二元边际经济效应的探讨仍十分匮乏。从笔者掌握的文献看，仅 Bronzini（2015）考察了企业对外投资二元边际的就业效应以及 Toshiyuki（2015）考察了对母公司绩效的影响。与本书较为相关的是 Bronzini（2015）的研究，Bronzini 采用意大利跨国公司层面数据，运用倾向评分匹配和倍差法进行经验分析。毋庸置疑，基于企业层面的研究使用的样本量较大，可以进行较为深入的探索，但是，企业层面数据的分析也有其自身的缺陷。具体而言，基于微观企业的研究只能检验企业对外直接投资对自身就业的影响，而投资对就业的替代性或互补性不仅出现在同一跨国企业母公司与子公司之间，也可能存在于跨国公司与上下游非跨国公司之间（Lipsey，1999）。产业的关联效应等使我们不能简单根据企业层面数据的结果推断对外直接投资对母国经济的总体影响，宏观层面的分析有其不可替代性。针对中国对外直接投资经济效应的研究，目前成果较为丰富，但不管是基于微观企业层面的分析（蒋冠宏等，2013，2014b，2016；毛其淋和许家云，2014b；Liu and Lu，2015；李磊等，2016），还是基于中宏观层面的省际、国家数据的分析（赵伟等，2006；张海波和彭新敏，2013；Chen and Tang，2014；顾雪松等，2016），鲜有学者们注意到对外直接投资二元边际的结构特征对母国经济效应的影响，研究仍旧停留在一元的总量层面。这给本书的写作提供了很大的发挥空间，也是本书研究立意的出发点和落脚点。

经过文献的梳理我们还注意到，学者们对对外直接投资二元边际的界定不尽相同。本书认为，二元边际定义内涵的不同设定会对研究的结论造成很大影响。目前，投资二元边际的定义大体上可以分为两个层面：国家层面和企业层面。国家层面中关于扩展边际的定义围绕新投资关系的建立（Razin et al.，2004，2007，2008；Berden et al.，2014；Araujo et al.，2017；等等）、投资项目数量的变化（Gil-Pareja et al.，2013；Paniagua and Sapena，2014；Cuadros et al.，2016；等等）展开，而集约边际的定义包括对外投资总量（Razin et al.，2004；Berden et al.，2014；Cuadros et al.，2016）、已有投资关系在投资量上的改变（Araujo et al., 2017; Falvey and Foster, 2015）两种方式。基于国家层面的定义较为集中，但基于企业层面的定义相对分散，依据研究内容的不同可进一步划分为若干小类。其中扩展边际的定义主要涉及企业是否进行对外投资的决策（Buch et al., 2014; Tanaka, 2015; Burchardi et al., 2016）、跨国母或子公司数量（Yeaple, 2009; Egger and Merlo, 2012; Chung, 2014）、新建立跨国子公司雇佣人数变化（Muendler and Becker, 2010）等几个方面；相应地，集约边际强调已有境外企业的投资（Chung, 2014; Bronzini, 2015; Ni et al., 2015）、外国子公司规模（Yeaple, 2009; Chen and Moore, 2010; Egger and Merlo, 2012; 等等）、已有跨国子公司雇佣情况（Muendler and Becker, 2010; Marques and Pinho, 2014）等。

总结来看，这里对对外直接投资二元边际的界定标准存在以下几点不足：第一，绝大多数学者定义的扩展边际和集约边际不具有互补关系，故而并集不能构成一国对外直接投资的增长，自然也无法构建严格的数理过程分解对外直接投资总量。第二，很多学者定义的投资二元边际实际上并不符合传统经济学理论中"边际"的概念。"边际"意指新增一单位，所以严格来讲，对外直接投资的二元边际分解本质上应该是对新增一单位对外投资量来源的细致划分。然而，大量学者将ODI的区位选择即是否对外投资视为投资的扩展边际，显然有违"边际"的含义。第三，部分学者定义的投资集约边际与以往的国际投资流量无本质区别，无法识别新建投资与追加投资之间的不同，即不能区分对外投资企业在新旧分支机构或子公司的投资分布或投资选择。鉴于此，本书结合数据的可得性、完整性重新界定对外直接投资的二元边际，以中国为研究背景，定义新增境外企业的投资为投资扩展边际，已有境外企业投资额的变化为投资集约边际。这种定义标准在一定程度上克服了上述定义的缺陷，有利于我们分析跨国公司新建投资和追加投资两种投资扩张模式对中国经济的影响差异，所构建的二元边际分解模型同时有助于揭示中国对外直接投资的微观结构特征。

第三章 中国对外直接投资的二元边际：定义与测算

本章主旨是对中国对外直接投资的二元边际进行合理的界定并构建相应的分解测算模型，在此基础上利用相关数据系统、全面分析中国对外直接投资的结构性特征。

第一节 对外直接投资二元边际概念的界定

自 Razin 等（2004）将国际贸易领域中的"二元边际"概念引入国际投资领域后，开始有学者关注对外投资的二元边际，并由此催生了一系列有价值的研究成果。综观这些成果，对外投资二元边际的定义标准并没有完全遵循 Razin 等（2004）研究，学者们结合自己的研究关注点对投资二元边际概念进行了不同的设定。截至目前，所形成的定义内涵大致分成两个层面：国家层面和企业层面，具体如表 3-1 所示。

在这些文献中，从数学集合的角度看，绝大多数学者所界定的对外投资的两个边际不具有互补关系，两者的并集不能构成一国直接投资的增长。受限于此，这些文献均未对 ODI 的增长路径进行探讨分析，而解决这个问题的根本途径在于对对外直接投资的增长进行严格的数理分解。从笔者掌握的文献看，仅有 Araujo 等（2017）对 ODI 的总量增长进行了结构性分解。他们借鉴 Felbermayr 和

表 3-1 已有文献对对外投资二元边际的定义

层面	边际	定义	文献
国家层面	扩展边际	投资关系数量的变化	Araujo et al.（2017）
		是否对一国进行投资	Berden et al.（2014），Cezar and Escobar（2015），Eicher et al.（2012），Razin et al.（2004，2008），Razin and Sadka（2007）
		投资项目数量	Costa-Campi et al.（2015），Cuadros et al.（2016），Gil-Pareja et al.（2013），Paniagua and Sapena（2014），Paniagua et al.（2015）
		新建立的投资关系的投资额	Falvey and Foster（2015）
	集约边际	已有投资关系在投资量上的改变	Araujo et al.（2017），Falvey and Foster（2015）
		对外投资总量	Berden et al.（2014），Cezar and Escobar（2015），Costa-Campi et al.（2015），Cuadros et al.（2016），Eicher et al.（2012），Gil-Pareja et al.（2013），Paniagua and Sapena（2014），Paniagua et al.（2015），Razin et al.（2004，2008），Razin and Sadka（2007）
企业层面	扩展边际	跨国公司首次境外投资	Bronzini（2015），Ni et al.（2016）
		企业是否对外进行投资	Buch et al.（2014），Burchardi et al.（2016），Davies et al.（2009，2016），Hecht et al.（2016），Marques and Pinho（2014），Tanaka（2015），Toshiyuki（2015）
		跨国公司投资的东道国数量	Chen and Moore（2010）
		新建跨国子公司数量	Chung（2014）
		境外设立跨国子公司的母公司数量	Egger and Merlo（2012），Yeaple（2009）
		新建跨国子公司雇佣人数变化	Muendler and Becker（2010）
	集约边际	已有境外企业的再投资	Bronzini（2015），Ni et al.（2016）
		跨国母公司数量、子公司数量、雇佣人数、投资量、固定资产	Burchardi et al.（2016）、Egger and Merlo（2012）、Hecht et al.（2016）、Toshiyuki（2015）
		跨国子公司的平均销售额	Chen and Moore（2010），Davies et al.（2009，2016），Tanaka（2015），Yeaple（2009）
		企业投资总额	Chung（2014）
		新建子公司的固定资产和雇佣人数	Marques and Pinho（2014）
		已有跨国公司雇佣人数的变化	Muendler and Becker（2010）

Kohler（2006）对贸易增长的分解模型构建了对外投资的二元边际数学分解过程，定义投资关系数量的变化为扩展边际，已有投资关系在投资量上的变化为集约边际，将ODI的增长分解为新增投资关系的投资和已有投资关系的投资。但是，我们认为投资扩展边际的这种界定方式对中国问题的适用性是值得商榷的。原因在于本书的研究主体为中国，近年来中国对外直接投资的对象较为稳定，每年新建立投资伙伴关系的国家数量极少，若按Araujo等的定义方式，在某个时期之后投资的扩展边际势必会收敛于一个稳定值。极端情况下，若中国与全球所有国家（地区）都建立了长期稳定的投资关系，这个值将恒等于零。除此之外，需要说明的是，学者Yeaple（2009）也构建了投资二元边际的分解模型，但他分解的对象是跨国子公司的总销售额，定义在境外设立跨国子公司的母公司数量为扩展边际，所有子公司的平均销售额为集约边际，据此将一国跨国子公司的总销售额分解成扩展边际和集约边际。由于中国尚缺乏系统统计中国跨国子公司相关投资信息的数据库，现有商务部公布的《境外投资企业（机构）名录》只包含了中国境内投资主体的名称和所属省份、设立境外投资企业（机构）的对象国家（地区）、核准的日期和证书号，并没有报告中国跨国子公司具体的销售额。并且根据商务部，ODI由新增股权投资、利润再投资和债务工具投资三部分构成，显然销售额与新增股权投资和债务投资并无直接联系，高销售额也不代表高利润额。因此，本章也未采用Yeaple（2009）的定义标准。

尽管如此，Yeaple（2009）和Araujo等（2017）的定义方式仍为本章界定适合研究中国对外直接投资微观结构特征的二元边际概念提供了有益的参考。借鉴Yeaple（2009）的视角，对Araujo等（2017）的定义进行类比延伸，从企业层面定义对外直接投资的扩展边际为中国新增境外企业的投资，集约边际为中国已有境外企业投资额的变化。扩展边际强调新建投资，反映了对外投资的广度；而集约边际侧重追加投资，反映了对外投资的深度。从本质来讲，本章的定义内涵与Araujo等（2017）的研究相一致，都是对新建投资和追加投资进行区分，定义主体均是对外直接投资的对象；不同之处在于我们是基于企业层面的定义，而Araujo等（2017）是从国家层面予以界定。相较而言，

Yeaple（2009）的定义层面与本章相同，但其定义内容迥然相异。他以对外投资主体来界定扩展边际，而以对外投资对象来界定集约边际；扩展边际反映的是对外投资主体的数量，而集约边际反映的是子公司的规模。

事实上，关注对外直接投资的微观结构特征，对新建投资和追加投资加以区分从理论上看是十分必要的。具体而言，对于跨国企业来说，新建海外投资分支机构或子公司需要企业投入较大的启动资金，且不确定性较高，因而沿扩展边际上的对外扩张在短期内将面临较大的投资风险，但是从长期来看，多元化的投资具有更强的外部冲击抵抗能力。与之相对应，跨国企业将资金投资于已有海外子公司进行集约边际上的对外扩张，短期而言风险较小，但长期来看单一化的投资将使收益更易受到冲击的影响。因此，甄别新建投资和追加投资具有理论和现实的价值，以此作为对外直接投资二元边际的定义依据意义深刻。

第二节 对外直接投资二元边际分解测算模型

基于前述定义，借鉴 Araujo 等（2017）模型的思想构建一个基于微观企业层面的中国对外直接投资二元边际分解模型。鉴于 Araujo 等（2017）的研究是以全球的资本流动网络为研究对象，其微观对象是任意两个国家的相互投资关系，而这里的研究主体是中国，所以本章的模型将忽略其他国家相互之间的资本流动情况，同时简化双向 FDI 流动，仅考虑中国资本的输出。具体分解过程如下：

定义 $N_{k,i,t,h}$ 和 $\overline{T}_{k,i,t,h}$（$h \leq t$）分别为第 h 期中国省域 k 在 i 国[①]新建立的企业且在 t 期仍有对其进行投资的境外企业数量和平均投资额。

t 期中国省域 k 在 i 国的总投资额为：

---

① $k=0$ 代表全中国，$i=0$ 代表全世界。

第三章 中国对外直接投资的二元边际：定义与测算

$$T_{k,i,t} = \sum_{h=t_0}^{t} \overline{T}_{k,i,t,h} N_{k,i,t,h}$$

t 期中国省域 k 在 i 国设立的境外企业总数量为：

$$N_{k,i,t} = \sum_{h=t_0}^{t} N_{k,i,t,h}$$

从而，t 期中国省域 k 在 i 国的境外企业的平均投资额为：

$$\overline{T}_{k,i,t} = T_{k,i,t} / N_{k,i,t} = \sum_{h=t_0}^{t} \overline{T}_{k,i,t,h} N_{k,i,t,h} / \sum_{h=t_0}^{t} N_{k,i,t,h}$$

定义中国省域 k 在 i 国直接投资增长的集约边际为已有境外企业投资额的变化：

$$\Delta T_{k,i,t}^{int} \equiv \sum_{h=t_0}^{t-1} (\overline{T}_{k,i,t} - \overline{T}_{k,i,t-1}) N_{k,i,t-1,h} \tag{3-1}$$

定义中国省域 k 在 i 国直接投资增长的扩展边际为新增境外企业的投资额：

$$\Delta T_{k,i,t}^{ext} \equiv \overline{T}_{k,i,t} (N_{k,i,t} - N_{k,i,t-1})$$

$$= \overline{T}_{k,i,t} \left(\sum_{h=t_0}^{t} N_{k,i,t,h} \right) - \overline{T}_{k,i,t} \left(\sum_{h=t_0}^{t-1} N_{k,i,t-1,h} \right) \tag{3-2}$$

于是，可将中国省域 k 在 i 国直接投资的增长进行如下二元边际分解，具体公式为：

$$\Delta T_{k,i,t} = T_{k,i,t} - T_{k,i,t-1} = \overline{T}_{k,i,t} N_{k,i,t} - \overline{T}_{k,i,t-1} N_{k,i,t-1}$$

$$= (\overline{T}_{k,i,t} N_{k,i,t} - \overline{T}_{k,i,t} N_{k,i,t-1}) + (\overline{T}_{k,i,t} N_{k,i,t-1} - \overline{T}_{k,i,t-1} N_{k,i,t-1}) \tag{3-3}$$

$$= \underbrace{\Delta N_{k,i,t} \overline{T}_{k,i,t}}_{\text{扩展边际}} + \underbrace{\Delta \overline{T}_{k,i,t} N_{k,i,t-1}}_{\text{集约边际}}$$

其中，$\Delta N_{k,i,t}$ 表示 t 期 i 国净增的来自中国省域 k 的企业数量，即当期中国省域 k 在 i 国新建立的境外企业数量与上期存在但当期已退出的企业数量之间的差额；$\overline{T}_{k,i,t}$ 表示 t 期 i 国所有来自省域 k 的中资企业的平均投资额，于是 $\Delta N_{k,i,t} \overline{T}_{k,i,t}$ 表示在 i 国净增的来自中国省域 k 的中资企业所贡献的投资增量，为扩展边际。$N_{k,i,t-1}$ 表示 $(t-1)$ 期 i 国来自省域 k 的中资企业数量，$\Delta \overline{T}_{k,i,t}$ 表示 t 期投资量的平均增加值，于是 $\Delta \overline{T}_{k,i,t} N_{k,i,t-1}$ 表示 i 国原有来自中国省域 k 的中资企业的资本增加量，为集约边际。可见，中国对外直接投资的增长可以分解为扩展和集约两种边际上的贡献。扩展边际反映了中国对外投资扩张的横向维度，即投资多元化或分散程度；集约边际反映了中国对外投资扩张的纵向维度，即投资保守性特征或单一化程度。

第三节　中国对外直接投资二元边际特征分析

一、中国对全球、各大洲、各大经济体直接投资的二元边际

在本部分中，假设上述投资二元边际分解模型中的 $k=0$，即不区分省域，从整体出发对中国、对各国直接投资的路径特征进行分析。

（一）数据来源与说明

这里所需要使用的数据为中国对各国（地区）直接投资数据以及中国在各国（地区）设立的境外企业数量数据。中国对各国直接投资的数据来源于中国商务部《中国对外直接投资统计公报》。该公报的发布始于 2003 年，2003~2006 年只公布了中国对各国不含金融部分的投资数据，2007~2015 公布的数据则包含了金融部分，两个时间段的数据统计范围不一致，而这里考查的是中国 ODI 的增长情况，因此不宜将两个时间段的数据合并使用。为了保证数据的时效性，采用 2007~2015 年中国 ODI 的存量数据。之所以采用存量数据而不是流量数据，是基于以下的考虑：当期中国对外直接投资的流量近似等于 ODI 存量的变化值①，对中国 ODI 存量增长的分解实际上就是对投资流量来

---

① 当期对外直接投资净额（简称流量）=报告期境外企业新增股本+当期利润再投资+对境内投资者的新增负债-当期境外企业对境内投资者的反向投资。累计对外直接投资净额（简称存量）=报告期境外企业资产负债表中按中方投资比例计算的股本期末数+按中方投资比例计算的未分配利润期末数+期末对境内投资者的负债-境外企业累计对境内投资者的反向投资。该说明来源于《中国对外直接投资统计公报》。

第三章 中国对外直接投资的二元边际：定义与测算

源的严格区分。此外，存量数据较之流量数据更为稳定（Cezar and Escobar, 2015）。中国在各国（地区）设立的境外企业数量的基础数据来自中国商务部《中国对外直接投资统计公报》和《境外投资企业（机构）名录》。由于中国商务部尚未公布中国在各个国家（地区）投资建立的境外企业数量，这里以《境外投资企业（机构）名录》核准的各国（地区）境外中资企业数量占比将《中国对外直接投资统计公报》中所给中国境外企业总数分摊到各个国家（地区），以此近似估计。由于投资二元边际的测算本质上是对 ODI 增量进行拆分，因此实际有效样本跨度为 2008~2015 年。

（二）中国对全球直接投资的二元边际

图 3-1 给出了中国对外直接投资的整体发展情况以及二元边际的结构特征。根据图 3-1，2004 年以来，中国对外直接投资表现出了良好的发展态势，每年 ODI 存量均保持稳定快速增长。特别是近几年，随着中国政府"走出去"战略步伐的加快实施以及"一带一路"倡议构想的提出，中国在全球资本流动中的表现愈加活跃。从投资扩张的二元边际结构看，2007 年及以前、2012 年及以后中国 ODI 的增长均以扩展边际为主。在这两个阶段中，政府政策的导向发挥了至关重要的作用。2000 年中国开始实施"走出去"战略，经过三年的发展，中国境外企业数量超过 3000 家，到 2007 年增至 10919 家，仅四年时间增幅高达 217.5%。2012 年政府强调要进一步加快该战略的实施步伐，大力推动对外投资便利化，2013 年更是提出了"一带一路"倡议，中国企业融入经济全球化的内生动力日益增强。据笔者统计，2014 年较之 2011 年境外中资企业净增数量超过万家。然而，受金融危机的影响，2008~2009 年中国境外企业净增数量达到近年来最低点，ODI 的增长以集约边际为主。同样地，受欧债危机的冲击，加之中东、北非动荡以及国际金融市场跌宕起伏的影响，2011 年中国 ODI 增长的集约边际贡献率超过扩展边际贡献率。2015 年，全球经济增长不如预期，金融危机初期各国实施的量化宽松政策的负面效应正逐步凸显，美联储的加息预期同时加剧了全球资本的无序流动，导致多国汇率大幅波动。消极的外部投资环境促使中国资本谨慎向外扩张，2015

年境外中资企业数量同比仅增加3.7%，ODI增长由集约边际推动，扩展边际的贡献率低于20%。

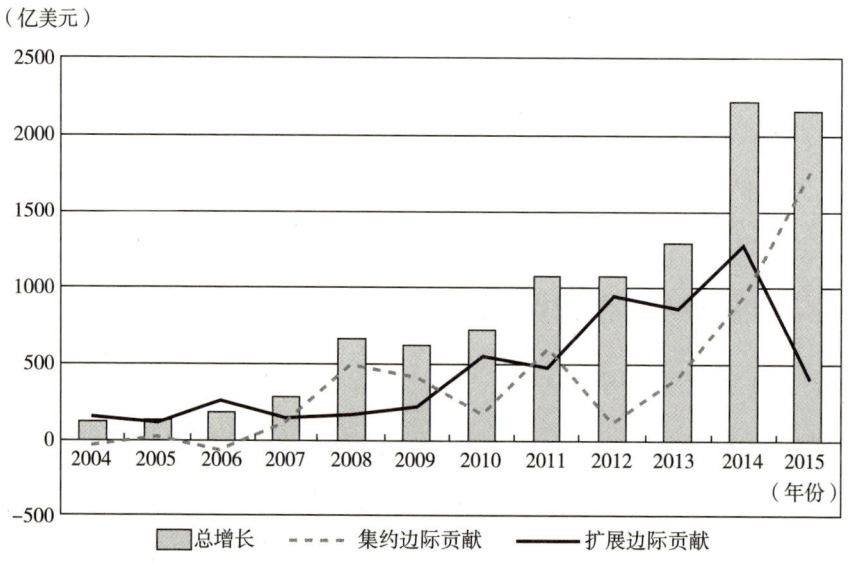

图3-1　中国对全球投资增长的分解（2004~2015年）

注：《中国对外直接投资统计公报（2007年）》同时公布了包含金融部分和不含金融部分的中国对全球直接投资数据，因此这里的分析区间包含2007年之前。需要说明的是，为了数据的可比性，在计算2007年中国ODI存量增长额以及境外企业净增数量时采用不含金融部分的数据。

图3-2为中国对"一带一路"国家和非"一带一路"国家直接投资增长的二元边际结构图。通过对比它们之间的差异我们发现：第一，历年来中国对"一带一路"国家的投资数额较小，每年新增加到"一带一路"国家的投资不足中国对世界总投资的1/10。第二，中国对"一带一路"国家的投资增长一直以集约边际为主，受文化、政策等因素的影响，投资范围的扩张相对缓慢，而非"一带一路"国家的中资企业数量则在近年来迅速增加，扩展边际的贡献率由2008年的23.92%上升到2014年的65.35%。综合上述两点，"一带一路"国家是一个巨大的且未开发的市场，中国在"一带一路"国家的投资无论是在投资总量还是投资范围方面都有很大的提升空间。因此，中国政府应进一步扩大中国企业同"一带一路"沿线国家（地区）的基础设施建设和国际

产能合作，鼓励内陆沿边企业积极到这些国家（地区）承包工程、建立境外子公司，推动投资扩展边际的扩张，从而加快中国在该地区投资增长路径的转换。可以预期，随着“一带一路”倡议的深入实施，扩展边际在中国对沿线国家（地区）的投资增长的推动效应会越来越大。

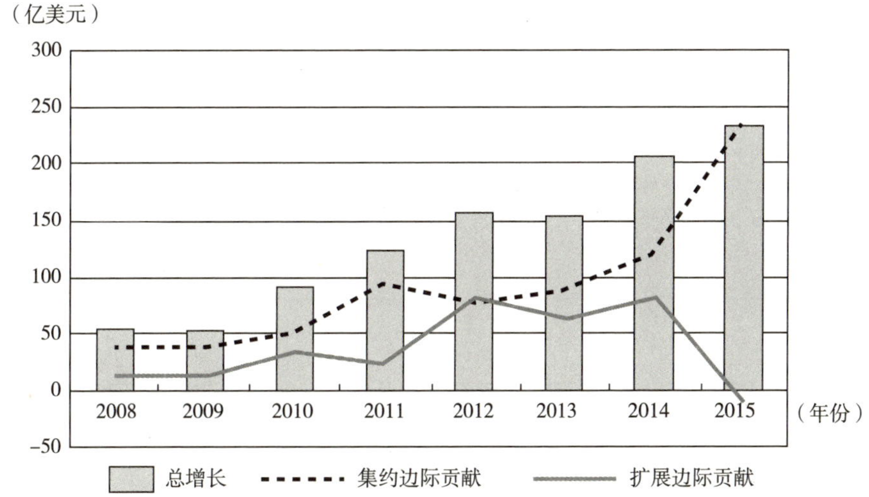

“一带一路”国家

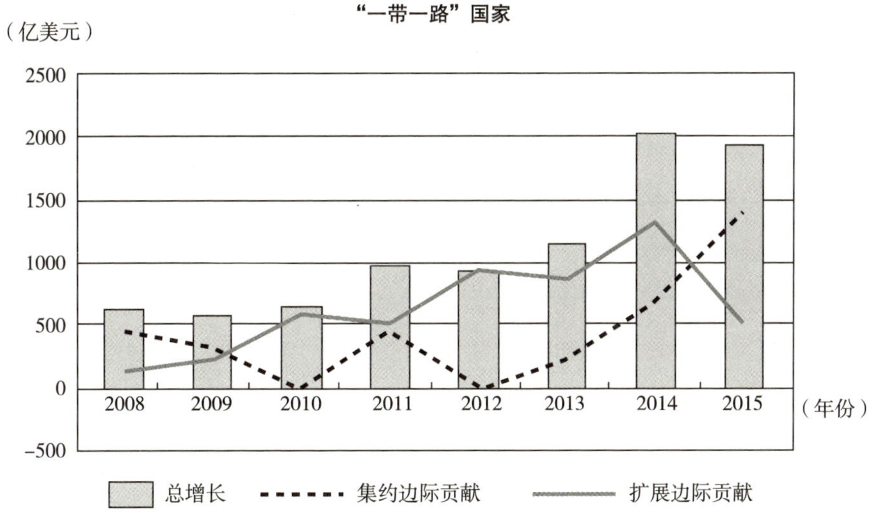

非“一带一路”国家

图 3-2 中国对（非）“一带一路”国家投资增长的分解（2008~2015 年）

(三) 中国对各大洲直接投资的二元边际

表3-2给出了中国对各大洲直接投资增长的二元边际分解结果。可以看出,在2008~2015年,中国对欧洲和北美洲的ODI增长中贡献较大的是集约边际,而对亚洲、大洋洲、非洲和拉丁美洲这四个地区的投资增长主要依赖于扩展边际。虽然中国对这些地区的投资具有前述共性的部分,但也具有各自的特点。这里根据中国对各洲际投资增长的二元边际结构表现趋势,将六大洲分成三组进行讨论分析。

表3-2 中国对各大洲直接投资增长的分解结果 (2008~2015年)

单位:亿美元

地区	年份	总增长	集约边际贡献	扩展边际贡献	集约边际贡献率(%)	扩展边际贡献率(%)
亚洲	2008	520.9906	381.3858	139.6048	73.2040	26.7960
	2009	542.3021	381.9496	160.3525	70.4311	29.5689
	2010	425.9877	5.0900	420.8977	1.1949	98.8051
	2011	752.8873	410.4513	342.4360	54.5170	45.4830
	2012	609.7236	-56.3720	666.0956	-9.2455	109.2455
	2013	830.0122	205.2543	624.7579	24.7291	75.2709
	2014	1535.5733	636.5594	899.0139	41.4542	58.5458
	2015	1679.3571	1420.9209	258.4362	84.6110	15.3890
大洋洲	2008	19.8560	16.6936	3.1624	84.0732	15.9268
	2009	26.0295	24.3040	1.7255	93.3709	6.6291
	2010	21.8834	7.4416	14.4418	34.0059	65.9941
	2011	34.0015	16.5528	17.4487	48.6826	51.3174
	2012	31.0663	2.2887	28.7776	7.3673	92.6327
	2013	39.0305	16.9176	22.1129	43.3445	56.6555
	2014	68.4713	26.6495	41.8218	38.9207	61.0793
	2015	62.2746	27.4922	34.7824	44.1467	55.8533

续表

地区	年份	总增长	集约边际贡献	扩展边际贡献	集约边际贡献率（%）	扩展边际贡献率（%）
欧洲	2008	6.7542	3.5033	3.2509	51.8681	48.1319
	2009	35.4282	31.6293	3.7989	89.2773	10.7227
	2010	70.3353	51.9248	18.4105	73.8246	26.1754
	2011	87.3972	69.0760	18.3212	79.0368	20.9632
	2012	125.2509	72.2400	53.0109	57.6762	42.3238
	2013	161.8644	119.4627	42.4017	73.8042	26.1958
	2014	162.3831	101.7959	60.5872	62.6887	37.3113
	2015	142.7910	147.1649	−4.3739	103.0631	−2.9721
北美洲	2008	4.1889	2.5764	1.6125	61.5056	38.4944
	2009	15.2492	9.2918	5.9574	60.9334	39.0666
	2010	26.4456	10.9971	15.4485	41.5840	58.4160
	2011	56.4317	38.9929	17.4388	69.0976	30.9024
	2012	120.3056	68.7254	51.5802	57.1257	42.8743
	2013	31.0675	−13.0775	44.1450	−42.0939	142.0939
	2014	193.4175	98.1705	95.2470	50.7558	49.2442
	2015	42.2777	−15.4686	57.7463	−36.5882	136.5882
非洲	2008	33.4200	24.6219	8.7981	73.6742	26.3258
	2009	15.2844	2.5116	12.7728	16.4324	83.5676
	2010	37.0985	13.2399	23.8586	35.6886	64.3114
	2011	32.0220	12.7695	19.2525	39.8772	60.1228
	2012	54.8539	17.1877	37.6662	31.3336	68.6664
	2013	44.5606	12.8039	31.7567	28.7336	71.2664
	2014	61.6430	32.8549	28.7881	53.2986	46.7014
	2015	23.4433	44.2433	−20.8000	188.7247	−88.7247
拉丁美洲	2008	75.3924	52.7235	22.6689	69.9322	30.0678
	2009	−16.4467	−50.4417	33.9950	306.6979	−206.6979
	2010	132.8016	42.1495	90.6521	31.7387	68.2613
	2011	112.9611	39.7943	73.1668	35.2283	64.7717
	2012	130.3988	6.3777	124.0211	4.8909	95.1091
	2013	178.8430	57.3979	121.4451	32.0940	67.9060
	2014	200.1520	16.6682	183.4838	8.3278	91.6722
	2015	202.0780	116.2302	85.8478	57.5175	42.4825

1. 亚洲和大洋洲

从表3-2中可以看出，2008~2013年，中国在亚洲和大洋洲的投资总量均保持较为稳定的增长，平均年增长额分别为613.65亿美元和28.64亿美元。从2014年开始，两大洲引进的中资出现急剧上升，仅两年时间平均增加额就高达1607.47亿美元（亚洲）和65.37亿美元（大洋洲），均超过前六年年均增长额的两倍。对于亚洲，中国内地投资的资金主要集中于中国香港地区，2014~2015这两年中国企业通过其在中国香港地区设立的平台公司进行再投资并购十分活跃，如2014年五矿集团收购拉斯邦巴铜矿、联想集团收购摩托罗拉手机业务、国家电网收购意大利存贷款能源网公司，如2015年化工橡胶公司收购意大利倍耐力集团、上海复兴国际集团收购美国Ironshore保险公司、中石化集团收购俄罗斯西布尔等项目均是通过再投资完成。这部分解释了两年来中国对亚洲投资力度明显增加的原因。对于大洋洲，澳大利亚是中国在该地区投资的核心区域，平均每年投资额占该洲总投资额的88%以上。2013年9月澳大利亚新政府的上台进一步推动了与中国的对外经济合作，这也是近两年中国对大洋洲投资总量激增的重要原因。

关于中国对亚洲和大洋洲投资增长的二元边际结构特征，由表3-2可知，2010~2014年两大洲的趋势表现十分相近，扩展边际均为中国在这两个地区投资增长的原动力，但事实上两者是有本质差别的。在大洋洲，上升的扩展边际贡献率很大程度上反映了中国在该地区投资范围的扩大，但在亚洲则不然。由于中国香港地区的"跳板"作用，中国内地资本表面上在中国香港地区快速集聚，但实际上这些投资的最后标的可能遍布全球。2008年、2009年中国对这两大洲投资的集约边际贡献均高于扩展边际贡献，可见在全球经济萧条下中国对外扩张倾向于采用追加投资的保守方式。值得一提的是，2015年中国在这两个地区投资的增长路径截然不同，亚洲以集约边际为主，大洋洲则以扩展边际为主。可能的原因是中国在亚洲特别是中国香港地区的直接投资主要是用于平台公司进行再投资，因而在亚洲的表现与全球的表现类似，均是以集约边际为主；而在大洋洲以扩展边际为主是因为这一年中国在大洋洲的投资结构产生了较大变化，从以往的以采矿业为主转向其他行业，如流向澳大利亚采矿业的投资流量同比下降了85.8%,而对房地产业、租赁和商务服务业、金融业、交通运输和邮政业、制造业等的投资流量同比增长均超过100%。

2. 欧洲和北美洲

根据表3-2,2008~2015年中国对欧洲直接投资的增长呈阶梯式上升趋势;而每年新增到北美洲的资本数额起伏较大,2012年之前平缓增长,2013年经历短暂的回落后在2014年创下历史新高(达193.42亿美元),2015年又出现骤降的过程,整个后三年的投资增长呈"倒三角"形状。从投资增长的路径看,中国对欧洲与北美洲的投资扩张均以集约边际为主,不同之处在于欧洲地区的集约边际贡献率持续显著高于扩展边际贡献率,而北美洲两个边际呈胶着状态。对于欧洲,之所以集约边际一直是中国对其投资增长的主要动力来源,是因为受欧债危机的影响,中国对该地区的投资持谨慎保守态度。对于北美洲,金融危机过后,美国部分地方政府和加拿大政府为帮助整个经济复苏,出台了一系列外资优惠政策。加之人民币对美元升值降低了中国企业到北美洲投资的成本,中国企业因此加大了在该地区的投资范围。由表3-2可见扩展边际呈逐年上升趋势,贡献率也在2013年和2015年超过了集约边际的贡献率。《中国对外直接投资统计公报》的数据显示,2013年中国在北美洲累计设立境外企业数超过3000家,在美国的投资覆盖了美国50个州中的44个,较2012年增加了7个;2015年累计设立的境外企业数更是超过了4000家,较2014年增加了近700家。

3. 非洲和拉丁美洲

观察表3-2可发现,中国对非洲和拉丁美洲的投资大体呈波浪式增长,且主要由中资企业数量扩张所推动,已进驻这两大洲的中资企业投资规模的扩大对总量增长贡献相对较小,说明中国在非洲和拉丁美洲的投资增长依赖于扩展边际。

与其他洲相类似,2008年非洲和拉丁美洲新增加的中资企业数量较少,ODI增长以集约边际为主,此后五年间扩展边际均在两大洲中占据绝对优势。事实上,受金融危机和欧债危机的双重影响,欧美发达国家的跨国公司由于自身可用资金或母国政策的原因,纷纷减少其在拉丁美洲和非洲国家的投资,这对中国企业来说是一个很好的契机。2009~2013年中国企业在非洲和拉丁美洲不断扩张,ODI的增长以扩展边际为主。值得注意的是,2014年中国在两大洲投资的二元边际结构特征迥然各异，拉丁美洲保持原有的趋势，而非洲出现了集约边际贡献超过扩展边际贡献的情形，笔者猜测可能是受埃博拉疫情的影响。2015年，中国对非洲的投资仍保持集约边际占优的发展态势，对拉丁美洲的投资主要增长路径也由原来的扩展边际转为集约边际，这与2015年拉美地区经济整体持续衰退以及阿根廷比索、巴西雷亚尔等拉美货币的巨大贬值压力不无关系。

（四）中国对各大经济体直接投资的二元边际

通过分析中国对各大洲ODI的情况，我们发现中国在北美洲和欧洲与在其他洲的投资有较大差别：在北美洲和欧洲的投资扩张以集约边际为主，而在其他洲以扩展边际为主。北美洲和欧洲为主要发达国家所在地，是否对于不同发展程度的经济体，中国直接投资的增长路径也会有所不同？本部分将重点考察中国ODI在不同经济体中的二元边际结构特征。参考联合国贸发会议《世界投资报告》中的分类方式，将全球不同的国家划分为：发达经济体、转型经济体和发展中经济体。①

1. 发达经济体

由表3-3可知，中国对发达经济体的ODI每年都保持快速增长，增加量呈逐年上升趋势。在我们的研究区间内，ODI的增长主要依靠集约边际的扩张，特别是2012年以前，集约边际明显占优势。可能的原因是，受金融危机和欧债危机的影响，发达国家的跨国公司纷纷减少其在世界其他国家的投资，把业务收缩到了本国，因而对中国新企业的进入产生了挤占效应。《2013年中国对外投资合作发展报告》的数据显示：2007~2012年，欧美国家ODI流量占全球总量的比重从78.7%下降至55.2%，这也间接印证了我们的猜想。2012年以后，集约边际贡献与扩展边际贡献相当。欧美国家为了能尽快走出经济低迷期，纷纷采取各项措施吸收外资，如美国政府为外国投资放开了更多的领域，希腊对国有

---

① 发达经济体：经合组织成员国（智利、墨西哥、韩国和土耳其除外），加上不属于经合组织成员国的欧洲联盟新成员国（保加利亚、克罗地亚、塞浦路斯、拉脱维亚、立陶宛、马耳他和罗马尼亚），外加安道尔、百慕大、列支敦士登、摩纳哥和圣马力诺。转型经济体：东南欧国家、独立国家联合体和格鲁吉亚。发展中经济体：泛指所有不在以上之列的经济体。

企业进行拍卖,荷兰和比利时政府也对中国投资企业给予更优惠的税收激励政策,等等,这都为中国企业到发达经济体进行投资提供了更多的可能性,中国投资更加多元化,扩展边际在ODI增量中的贡献因而有所提升。

表3-3 中国对各大经济体直接投资增长的分解结果(2008~2015年)

单位:亿美元

经济体	年份	总增长	集约边际贡献	扩展边际贡献	集约边际贡献率(%)	扩展边际贡献率(%)
发达经济体	2008	25.3095	18.8485	6.4610	74.4721	25.5279
	2009	73.7641	60.9253	12.8388	82.5947	17.4053
	2010	115.2584	66.4604	48.7980	57.6621	42.3379
	2011	169.4934	117.8561	51.6373	69.5343	30.4657
	2012	264.9784	134.4692	130.5092	50.7472	49.2528
	2013	205.5370	94.1298	111.4072	45.7970	54.2030
	2014	415.6161	211.8612	203.7549	50.9752	49.0248
	2015	184.0312	74.6788	109.3524	40.5794	59.4206
转型经济体	2008	14.2594	12.1353	2.1241	85.1036	14.8964
	2009	9.6096	7.1980	2.4116	74.9047	25.0953
	2010	8.7294	2.2724	6.4570	26.0319	73.9681
	2011	24.7861	20.6746	4.1115	83.4120	16.5880
	2012	51.2167	36.3699	14.8468	71.0118	28.9882
	2013	41.5905	29.6381	11.9524	71.2617	28.7383
	2014	27.4366	10.2521	17.1845	37.3664	62.6336
	2015	43.1773	42.5541	0.6232	98.5566	1.4434
发展中经济体	2008	621.0334	435.7669	185.2665	70.1680	29.8320
	2009	534.4728	314.3021	220.1707	58.8060	41.1940
	2010	590.5643	57.6298	532.9345	9.7584	90.2416
	2011	881.4213	438.6319	442.7894	49.7642	50.2358
	2012	755.4040	-76.3065	831.7105	-10.1014	110.1014
	2013	1038.2507	256.2236	782.0271	24.6784	75.3216
	2014	1778.5875	704.5557	1074.0318	39.6132	60.3868
	2015	1925.0017	1693.1305	231.8712	87.9548	12.0452

2. 转型经济体

一直以来，中国对转型经济体的投资力度不大，2008~2010年平均投资存量仅47.33亿美元，相当于中国对发达经济体投资存量的1/4；年均投资增加量也极低，只有10.87亿美元。但是近几年中国对转型经济体的投资具有明显上升的趋势，每年新增的投资额超过20亿美元，特别是2012年，净增数额达到2008~2010年平均值的近五倍。可见中国正在加大与该经济体的经济合作。由表3-3的投资二元边际分解结果可以看出，中国在该经济体的投资增长以集约边际为主，而不是依赖扩展边际来推动。说明中国虽然加大了在当地的投资力度，但是采取了相对保守的方式，把资金主要集中在原有的投资对象上。这可能是由于东南欧、独联体等转型经济体代表国的地理、文化、政治、风俗等非常复杂，盲目地增加投资对象、扩大投资范围需要承担较大的风险。

3. 发展中经济体

由表3-3可知，2008~2013年，中国对发展中国家的投资增长相对平稳，2014年、2015年增长速度却明显加快，主要原因是越来越多的中国企业通过中国香港地区、英属维尔京群岛、开曼群岛等发展中国家（地区）的子公司进行再投资，"跳板"效应十分突出。从增长路径特征来看，中国对发展中经济体ODI的增长主要是由中资企业数量扩张所推动，依赖于投资的扩展边际。集约边际的贡献率仅在2008年、2009年以及2015年超过了扩展边际的贡献，前者主要是受金融危机的影响，2015年则归因于危机后各国量化宽松政策负面影响的加大以及美元加息预期给各国货币带来的贬值压力。对比图3-1可以发现，中国对发展中经济体与对全球投资的二元边际结构走势极为相似，原因在于：在我们的研究区间内，中国对发展中经济体的投资增量占对全球投资增量的82.91%。

二、中国各地区对外直接投资的二元边际

在本部分中，假设上述投资二元边际分解模型中的$i=0$，即不区分投资目的国，讨论中国各地区对外直接投资的二元边际时序特征。

第三章　中国对外直接投资的二元边际：定义与测算

（一）数据来源与说明

这里所需要使用的数据为中国中央企业和单位（以下简称"中央企业"）、各省域对外直接投资存量数据以及在海外设立的境外企业数量数据。投资存量数据来源于《中国对外直接投资统计公报》，时间跨度为 2004~2015 年。需要说明的是，该公报只统计了非金融类投资数据。同样地，2010 年之前商务部也未公布中国各省域设立的境外直接投资企业数量，2010 年之后也只公布了部分省域的数据。鉴于此，本部分以《境外投资企业（机构）名录》中隶属于中央企业、同属于一个省域的境内投资主体数量占比将《中国对外直接投资统计公报》中所给中国境外企业总数分摊到中央企业以及各个省域，以此近似估计。

（二）中央、地方对外直接投资的二元边际

中国早期对外直接投资以中央企业为主导，但是中央企业对外直接投资占中国总投资量的比例逐年下降，2014 年后投资格局发生逆转，地方企业对外直接投资流量首次超过中央企业，2015 年中国对外直接投资近八成由地方企业贡献。很多学者认为中国对外直接投资无法使用传统跨国投资理论进行解释的主要原因是中国对外投资主要是中央企业，认为中国的对外投资带有政策目的，不是以获取利润作为对外投资的主要决策因素。那么，中央企业、地方企业对外直接投资的二元边际是否也存在较大差异呢？本部分将进行简要分析。

1. 中央企业对外直接投资的二元边际

图 3-3 为中国中央企业对外直接投资增长的二元边际结构特征图。由图 3-3 可以发现，中央企业对外非金融类直接投资的增长呈阶梯状，可以简单划分为三个区间：低速增长（2005~2007 年）、中速增长（2008~2013 年）、高速增长（2014~2015 年）。在低速增长区间中，中央企业每年对外投资的增量都低于 200 亿美元，并且投资的增长以集约边际为主；在中速增长区间中，各年对外投资的增量大体处于 400 亿美元的水平，2011 年、2013 年则在 700 亿美元上下浮动，投资的增长基本上是依赖于扩展边际的扩张模式；在高速增

长区间中,对外投资年均增量高达1076.13亿美元,并且集约边际的贡献率均超过50%,是此期间投资增长的主要动力来源。在2008年全球金融危机后的几年,全球经济增长缓慢,发达国家纷纷缩减投资的情况下,中央企业仍然大肆扩张投资范围,2009~2013年扩展边际远远大于集约边际,从利润最大化、风险最小化的角度来看,央企的投资行为确实存在"非理性"的特征。然而,中国的中央企业均是实力雄厚的集团企业,具有很强的风险承担能力,它们完全能够在风险承受能力内加大投资范围,更好地推广中国品牌、获取东道国特有资源和技术。

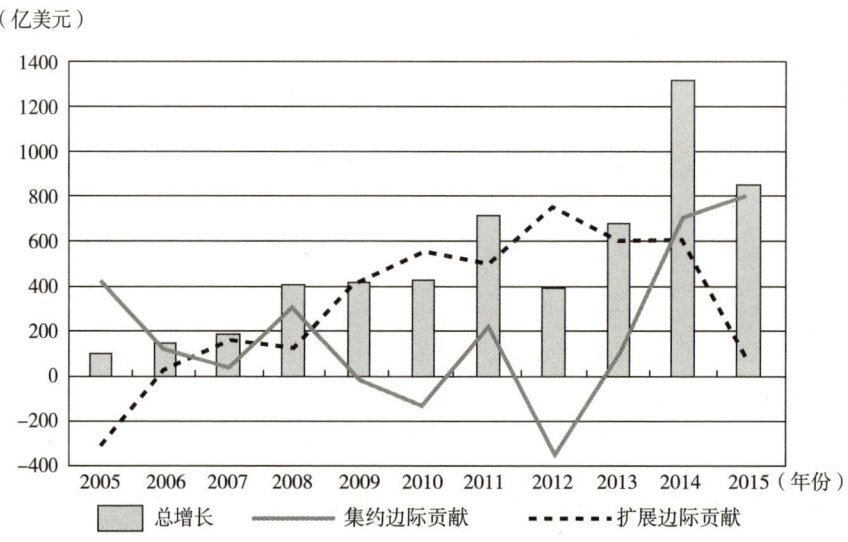

图3-3 中央企业对外直接投资增长的二元边际结构特征(2005~2015年)

2. 地方企业对外直接投资的二元边际

图3-4为中国地方企业对外直接投资增长的二元边际结构特征。根据图3-4,从整体上看,2005~2015年地方企业对外非金融类直接投资稳步增长,但基本上每年投资增加量都低于中央企业。近几年两者的差距有缩小的趋势,特别是在2012年、2015年,地方企业的对外投资增量甚至超过了中央企业。事实上,"走出去"战略实施初期,政府政策的导向发挥着主要作用,国有企业一直是中国对外直接投资的主体。近几年,随着中国对外直接投资审批

限制的逐步取消，越来越多的地方企业有资格参与到对外直接投资中来，对外投资的政策性目的在减弱，非国有企业的比重越来越大。地方企业的对外投资更多以市场为导向，并购投资活跃。从投资二元边际的情况看，在 2007 年以前，扩展边际占主导地位，境外企业数量迅速增加。此后，投资的扩展边际和集约边际基本上呈胶着状态，两个边际对地方企业对外投资增长的贡献相当，境外企业数量的扩张以及已有境外企业规模的扩大同步进行。但是，2009 年、2011 年以及 2015 年集约边际贡献远超过扩展边际贡献，可能是由于这几年全球金融市场存在较大风险：始于 2008 年的美国次贷危机在 2009 年蔓延到全球、2011 年发达国家债务危机严重、2015 年美联储的加息预期导致多个新兴经济体国家货币大幅贬值。

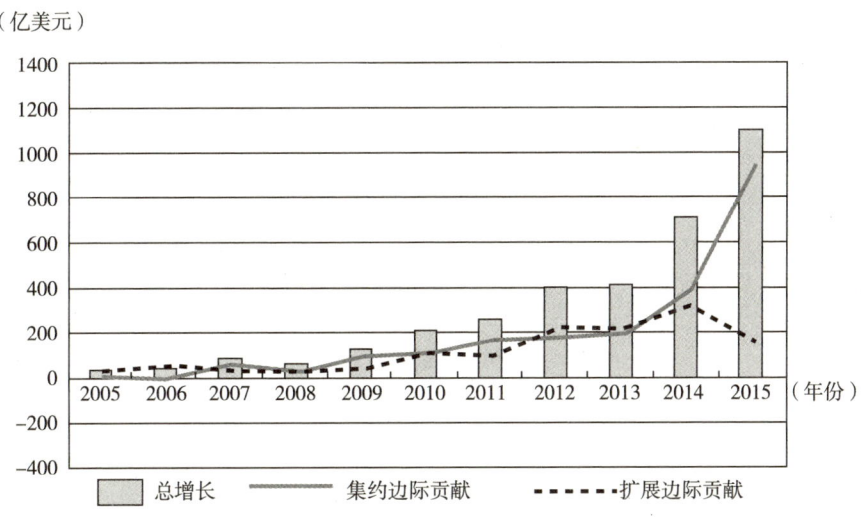

图 3-4 地方企业对外直接投资增长的二元边际结构特征（2005~2015 年）

（三）东部、中部和西部对外直接投资的二元边际

中国地域辽阔，区域差异明显。虽然从整体上看中国地方企业对外投资的两个边际呈胶着状态，但对于不同区域的地方企业，其投资的增长路径是否一致？对

此，我们将全国划分为东部、中部和西部①，进一步考察这三大区域对外直接投资二元边际结构特征并对比分析它们可能存在的差异。统计结果如表3-4所示。

表3-4 中国三大区域对外直接投资增长的分解（2005~2015年）

单位：亿美元

经济体	年份	总增长	集约边际贡献	扩展边际贡献	集约边际贡献率（%）	扩展边际贡献率（%）
东部	2005	22.2025	5.6616	16.5409	25.4998	74.5002
	2006	33.5301	-4.3691	37.8992	-13.0302	113.0302
	2007	64.3618	45.0812	19.2806	70.0435	29.9565
	2008	35.2391	17.7720	17.4671	50.4325	49.5675
	2009	82.7127	61.8075	20.9052	74.7255	25.2745
	2010	156.4446	76.5683	79.8763	48.9427	51.0573
	2011	184.2634	117.9003	66.3631	63.9847	36.0153
	2012	293.7045	131.6171	162.0874	44.8128	55.1872
	2013	321.8185	155.8082	166.0103	48.4149	51.5851
	2014	605.2982	345.3165	259.9817	57.0490	42.9510
	2015	933.9503	792.5496	141.4007	84.8599	15.1401
中部	2005	4.2168	1.0893	3.1275	25.8323	74.1677
	2006	4.6820	-0.3705	5.0525	-7.9143	107.9143
	2007	7.1979	3.9288	3.2691	54.5832	45.4168
	2008	9.4228	6.3002	3.1226	66.8618	33.1382
	2009	25.2295	18.8979	6.3316	74.9041	25.0959
	2010	23.1474	11.6358	11.5116	50.2683	49.7317
	2011	31.3165	15.8229	15.4936	50.5258	49.4742
	2012	42.7680	17.6755	25.0925	41.3288	58.6712
	2013	50.9344	27.9508	22.9836	54.8761	45.1239
	2014	44.8498	17.8303	27.0195	39.7557	60.2443
	2015	85.4656	82.3051	3.1605	96.3020	3.6980

① 东部包括海南、天津、辽宁、福建、河北、江苏、浙江、山东、北京、上海、广东11个省份；中部包括江西、湖北、湖南、安徽、吉林、山西、河南、黑龙江8个省份；西部包括西藏、青海、贵州、宁夏、陕西、内蒙古、新疆、广西、云南、甘肃、重庆、四川12个省份。

第三章 中国对外直接投资的二元边际：定义与测算

续表

经济体	年份	总增长	集约边际贡献	扩展边际贡献	集约边际贡献率（%）	扩展边际贡献率（%）
西部	2005	1.9854	-0.6990	2.6844	-35.2065	135.2065
	2006	2.4593	-0.0367	2.4960	-1.4936	101.4936
	2007	11.9355	8.4183	3.5172	70.5318	29.4682
	2008	13.2294	8.8634	4.3660	66.9974	33.0026
	2009	12.8790	11.1936	1.6854	86.9133	13.0867
	2010	25.9216	15.7581	10.1635	60.7913	39.2087
	2011	31.9953	24.6806	7.3147	77.1382	22.8618
	2012	54.8885	26.9133	27.9752	49.0328	50.9672
	2013	35.6169	11.5370	24.0799	32.3920	67.6080
	2014	55.2221	19.6968	35.5253	35.6682	64.3318
	2015	70.9903	56.1324	14.8579	79.0705	20.9295

1. 东部对外直接投资的二元边际

从表3-4中可以发现，中国东部地区对外直接投资增长的路径特征与前述地方企业的总体路径特征基本一致。不难理解，东部地区是中国对外直接投资企业的主要集中地。2015年末，地方企业对外非金融类直接投资存量达到3444.8亿美元，其中东部地区2865.4亿美元，占83.2%；而中西部地区仅579.4亿美元，占16.8%。广东、上海、北京、山东、江苏、浙江、辽宁等省市是东部对外直接投资最为活跃的区域，且不管是投资的流量还是存量均在全国地方企业对外直接投资中位列前茅。从投资两个边际的情况来看，2005~2006年扩展边际的贡献更大，说明东部地区对外投资的增长主要依赖于境外企业数量的扩张，东部企业积极扩大全球投资范围响应国家初期对外经济合作政策；2007~2011年，集约边际贡献占优，说明在此期间，已有境外投资企业规模的扩大是东部对外直接投资增长的主要推动力，这可能是受美国次贷危机和欧债危机的影响，企业向外扩张持谨慎态度；2012~2014年，扩展边际与集约边际的贡献率均在50%左右，说明这个阶段下扩展边际和集约边际均衡推动东部地区对外投资增长；一方面，金融危机后各国QE无法持续推动全球经济回到高速轨道；另一方面，中国的"走出去"政策给国内企业带来了契机，两个方面的权衡使国内大部分企业保持较为中庸的态度；2015年，集约边际贡献占比高达84.86%，再次与扩展边际贡献拉开距离，对外投资增长以集约边际为主，对此，我们的解释是2015年新兴经济体货币贬值压力巨大、发达国家动力不足，全球范围内缺少稳健投资标的。

2. 中部对外直接投资的二元边际

根据表3-4，从整体上看，2004~2015年中部地区地方企业对外非金融类直接投资存量稳步增长，但每年投资增加量都远远低于东部地区。在2009年之前，中部地区每年对外投资增量均不超过10亿美元；从2009年开始，年均投资增加额超过40亿美元，在2015年增量更是达到了85.47亿美元的历史高峰。在中部地区各省份中，湖南、安徽两地的对外投资活动最为活跃，2015年存量规模分别达到81.04亿美元和62.67亿美元。从投资二元边际的情况看，中部地区对外投资的增长主要依赖于集约边际上的投资扩张，但在2007年之前以及2012年、2014年，扩展边际的贡献率均超过了50%。事实上，在中部地区向全球扩张初期，境外企业数量迅速增加，此后则聚焦于扩大已有境外企业的投资规模；2009年以后，投资扩展边际和集约边际贡献相当；直到2015年，在集约边际上的投资量大大超过在扩展边际上的投资量，当年新增境外企业数量仅有33家，为以往平均数量的10%。

3. 西部对外直接投资的二元边际

由表3-4可知，中国西部地区对外非金融类直接投资的整体增长速度与中部地区相差不大，在研究区间内中部地区对外投资平均增量为29.93亿美元，西部地区为28.83亿美元。云南、四川是西部地区对外直接投资最为活跃的区域，但就2015年来讲，青海、宁夏回族自治区和西藏自治区地方企业对外直接投资存量急剧增加，同比分别增长120%、222%、1853%。从对外投资增长的结构来看，西部地区更具阶段性特征。2005~2006年：低速增长，每年对外投资增量均低于2.5亿美元，并且投资的增长依赖于扩展边际扩张。2007~2011年：中速增长，年均对外投资增加额为19.19亿美元，集约边际是投资增长的主要推动力。2012~2014年：高速增长，每年平均投资增量超过

45亿美元，扩展边际相较于集约边际的贡献更大。2015年：超高速增长，当年地方企业对外非金融类直接投资存量高达320.14亿美元，同比增长28.49%，增加额绝对量为70.99亿美元。虽然西部地区2015年的对外投资也是以集约边际为主，但是相对于东部、中部，西部地区扩展边际的比重是最大的，主要原因是西部地区与欧亚国家接壤，地缘优势使西部地区企业能较好地开放欧亚市场，因而受国家"一带一路"政策的影响更大。

第四节 本章小结

本章首先基于中国的实际情况提出了对外直接投资的二元边际概念，在此基础上，借鉴Araujo等（2017）模型的分析思路，从企业层面构建了中国对外直接投资增长的二元边际分解测算模型。利用相关对外投资数据，全面客观描述了中国ODI增长的二元边际结构特征，得到以下几方面结论：

第一，从整体上看，2005~2015年中国对全球直接投资稳步增长，其中扩展边际是增长的主要动力来源，说明这段时间中国在全球不断扩大投资范围。而受金融危机和欧债危机的影响，2008年、2009年、2011年，中国ODI的增长以集约边际为主；2015年投资的集约边际贡献率同样超过扩展边际贡献率，中国企业持谨慎投资态度以应对消极的外部投资环境。相比非"一带一路"国家，中国在"一带一路"国家的投资偏少，并且长期以集约边际为主要扩张方式，投资对象较为单一，"一带一路"倡议的落实有利于扭转这种增长的路径。

第二，由于地理位置的差异，中国对各大洲投资增长的路径有所不同。对欧洲和北美洲的投资增长主要依赖于集约边际，即已进驻这两大洲的中资企业增加投资量；对亚洲、大洋洲、非洲和拉丁美洲这四个地区的投资增长则主要是由扩展边际所推动，即中资企业数量的扩张。

第三，对于不同发达程度的经济体，中国直接投资的增长路径特征也各异。对于发达经济体，集约边际对投资增长的贡献更大，但从2012年开始两个边际贡献相当。对于转型经济体，集约边际同样是中国对其投资增长的主要动力来源，且与扩展边际贡献相距大，说明中国对转型经济体的投资略显保守。对于发展中经济体，则主要依赖于扩展边际的投资扩张模式。

第四，中国中央企业对外直接投资的增长呈阶梯状，在低速和高速增长区间内以集约边际为主要投资扩张模式，而在2008年全球金融危机后五年的中速增长区间内以扩展边际为主，在全球各国缩减境外投资的情况下中国央企反而迅速扩大投资范围。相较而言，两个边际对地方企业对外投资增长的贡献相当。总体而言，地方企业的投资策略较为中规中矩，既不会过于激进也不会太过保守。东部地方企业对外直接投资的增长路径与地方企业的总体路径特征基本一致。中部和西部地方企业的对外直接投资虽然都是以集约边际为主要投资扩张模式，但是中部扩展边际与集约边际的贡献差距不大，而西部两者相距甚远，西部跨国企业的对外投资范围十分有限。

第四章 中国对外直接投资的逆向技术溢出效应

第一节 导言

传统跨国投资理论认为,具有高生产率、高竞争力的企业才会进行海外投资。然而,近年来新兴经济体的对外直接投资却出现了大幅增长,投资流量占全球 FDI 流量的比重逐年提升。中国近十年 ODI 流量更是达到了年均 28.1% 的增速,远远高于全球平均水平。与此同时,中国创新能力也得到快速提升,《国家创新指数报告》中显示中国的排名从 2000 年的第 38 位跃居到了 2015 年的第 18 位,《全球创新指数》对中国创新能力的评价在 2010 年是位列世界第 43 名,到 2016 年首次进入了前 25 强。在此背景下,中国对外直接投资是否存在技术寻求动机、中国创新能力的提升是否受益于跨境的投资引起了国内外学者的广泛关注。

Kogut 和 Chang(1991)首次提出 ODI 逆向技术溢出的猜想,随后,大量学者对其存在性和影响因素等方面展开深入探讨。早期的研究主要集中在发达国家,Petit 和 Sanna-Randaccio(2000)认为对外投资企业通过进驻更大的国际市场可以获得更快的成长、收获规模经济带来的效益的同时也会激励企业增加研发投入。Castellani 和 Pieri(2016)指出,对外直接投资除了对母公司有逆向技术溢出外，还能通过产业关联效应、示范效应等途径间接促进母国其他企业技术水平的提高。大量学者的经验研究也证实了 ODI 逆向技术溢出效应的存在性（Potterie and Lichtenberg，2001；Branstetter，2006；Driffield et al.，2010；Bodman and Le，2013；Damijan et al.，2017）。然而，也有学者得出不同的结论，Lee（2006）、Bitzer 和 Kerekes（2008）、Bitzer 和 Gorg（2009）对 OECD 国家的研究发现 ODI 对母国技术水平的提升作用并不明显。Braconier 等（2001）对瑞典跨国公司、Belderbos 等（2013）对比利时外资企业的研究也都没有发现对外直接投资具有积极的逆向技术溢出。

　　国内学者从国家、省际、企业层面多维度分析了中国对外直接投资对中国技术水平的影响情况。然而无论哪个角度均存在不同的结论，有学者认为中国 ODI 显著提升了中国的技术水平（赵伟等，2006；李梅，2010；陈岩，2011；蒋冠宏等，2013；顾雪松和韩立岩，2015；叶娇和赵云鹏，2016）；也有学者认为中国对外直接投资对中国的技术创新能力无显著影响（王英和刘思峰，2008；肖文和林高榜，2011；李思慧，2014；尹东东和张建清，2016；严兵等，2016）。针对 ODI 逆向技术溢出效应两种观点并存的现象，Ambos 等（2006）认为是因变量的选取不一致导致的，而严兵等（2016）则认为样本选择的差异或许是关键原因。此外，还有学者从地区差异、行业差异、企业生产率差异等角度讨论了 ODI 逆向技术溢出的不同表现（李梅和柳士昌，2012；叶娇和赵云鹏，2016；李杏和钟亮，2016；严兵等，2016；李宏兵和文磊，2016）。然而，至今并未有学者从投资二元边际的角度分析不同边际的对外直接投资对中国技术创新的不同影响。尽管如此，追溯现有文献还是可以发现一些边缘的证据佐证中国投资的扩展边际和集约边际的逆向技术溢出效应存在差异。一方面，毛其淋和许家云（2014b）建议政府鼓励跨国企业多设立境外投资分支，他们认为分散投资能帮助跨国企业规避投资风险。事实上，在不同地区新建投资分支也有利于跨国企业吸收不同地区的技术优势从而获取更大的技术进步。另一方面，蒋殿春和蒋冠宏（2014a）强调 ODI 的逆向技术溢出效应会随着时间的推移而减弱，肖慧敏和刘辉煌（2014a）也认为跨国企业持续对外投资才能获得更多的生产率及技术溢出。但是，ODI 的集约边际是对已有企业进行追加投资，继续从东道国获取的边际技术量将大大减少。

在这一章中,我们将从宏观省际层面数据入手,基于二元边际的视角正式探讨中国对外直接投资的逆向技术溢出效应。具体而言,本章主要包括以下内容。首先,对 Potterie 和 Lichtenberg(2001)的研发溢出测算模型进行扩展,并对中国对外直接投资渠道下集约边际和扩展边际两种投资扩张模式获得的国外研发资本量进行测算。其次,在系统梳理对外直接投资之逆向技术溢出的传导机制的基础上,尝试鉴别投资扩展边际和集约边际各自对母国技术进步的影响机理。再次,构建计量模型实证检验 ODI 二元边际对中国技术创新能力的影响,同时辅以对技术创新效率影响的检验。最后,对比分析对外直接投资、引进外资和进口三种国际技术溢出渠道对中国技术的影响程度。

第二节 理论与估计模型

一、理论模型

本章借鉴 Bodman 和 Le(2013)的理论模型刻画国际研发溢出作用一国技术进步的机理,并为后文计量模型的扩展和经验研究提供理论基础。

通常,每个国家都拥有大量生产最终产品的厂商。为了简单起见,我们假设所有最终产品生产商都只生产一种同质消费品,生产函数如下:

$$Y_t = AK_t^\beta D_t^\alpha L_t^{1-\alpha-\beta} \quad A>0, \ 0<\alpha,\beta, \alpha+\beta<1$$

其中,Y_t 为 t 期的产出水平;K_t 为有形资本存量;L_t 为就业水平;D_t 为投入的中间品的要素组合,定义为:

$$D_t = \left[\int_0^{N_t} (q_{mkt} X_{kt})^\alpha dk\right]^{1/\alpha}$$

这里,N_t 为用于生产最终产品的中间品种类;X_{kt} 为资本品 k 的使用量;

中国对外直接投资的经济效应

q_{mkt} 为 k 的质量水平,反映了生产过程中资本品的生产能力。资本品由专门的中间品厂商生产。假设每一厂商仅生产一种资本品,为简化,将生产成本标准化为 1;中间品厂商以 P_{kt} 的价格将其租给最终产品生产商。最优化条件要求这种资本品的租赁价格等于其边际产出,即:

$$\frac{\partial Y_t}{\partial X_{kt}} = AK_t^\beta L_t^{1-\alpha-\beta} \alpha q_{mkt}^\alpha X_{kt}^{\alpha-1} = P_{kt}$$

于是,资本品 k 的需求函数为:

$$X_{kt} = \left(\frac{AK_t^\beta L_t^{1-\alpha-\beta} \alpha q_{mkt}^\alpha}{P_{kt}}\right)^{1/(1-\alpha)}$$

假设每一个中间品厂商均面临一个固定启动成本 μ,那么生产一资本品的总利润为:

$$\pi_{kt} = -\mu + \int_t^\infty (P_{kt}-1) X_{kt} e^{-r(s-t)} ds$$

在这一等式中,$(P_{kt}-1)X_{kt}$ 为特定时点上的即期利润,中间品厂商的目标就是为每一时点上的 P_{kt} 设定一个价格以最大化该利润流,即:

$$\underset{P_{kt}}{\text{Max}} (P_{kt}-1) \cdot \left(\frac{AK_t^\beta L_t^{1-\alpha-\beta} \alpha q_{mkt}^\alpha}{P_{kt}}\right)^{1/(1-\alpha)}$$

由此得到中间品厂商在每一时点上收取的租金价格,具体如下:

$$P_{kt} = 1/\alpha, \forall k, t, m$$

厂商以成本加成定价,价格高于边际成本。将该价格代入上述需求函数中,得到均衡下资本品 k 的总需求:

$$X_{kt} = (AK_t^\beta L_t^{1-\alpha-\beta} \alpha^2 q_{mkt}^\alpha)^{1/(1-\alpha)}$$

可见,不同种类的资本品,只要质量一样,则最终产品生产商对其需求就一样。但是,随着资本品质量的提高,需求随之增加。将该结果代入生产函数中,得到:

$$Y_t = \widetilde{A} Q_t K_t^\gamma L_t^{1-\gamma}$$

其中,$\widetilde{A} = A^{1/(1-\alpha)} \alpha^{2\alpha/(1-\alpha)}$,$\gamma = \frac{\beta}{1-\alpha}$。$Q_t = \int_0^{N_t} q_{mkt}^{\alpha/(1-\alpha)} dk$,随着新资本品的引

入即 N_t 的增加而提高；随着每一资本品质量的提升即 q_{mt} 的增加而提高。定义技术 Tech 为：

$$Tech_t = \widetilde{A} Q_t$$

那么，有：

$$\ln Tech_t = \ln \widetilde{A} + \ln Q_t$$

技术进步与所使用的资本品质量和种类正相关。根据 Bodman 和 Le (2013)，一国不仅可以使用本国的中间品进行生产，还可以使用经由贸易、国际投资等途径获取的国外中间品进行生产。遵循 Keller (1998)，假设本国和国外资本品之间是弱可分的，那么，有：

$$\ln Tech_t = \ln \widetilde{A} + \alpha_1 \ln Q_t^d + \alpha_2 \ln Q_t^f$$

根据 Romer (1990)、Aghion 和 Howitt (1992, 1998) 的技术进步内生增长模型，研发支出是新中间品的创造和中间品质量提高的关键和依托，它以产品设计或专利的形式创造新技术。因此，研发投入有利于提高中间品质量、促进中间品种类扩张，故可由国内累积研发投入反映 Q_t^d，由贸易、国际投资等途径累积获取的国外研发资本反映 Q_t^f。由此，一国技术的进步受益于本国的研发和东道国的国际技术溢出。

二、基本估计模型与扩展

(一) 基本估计模型

基于前述理论，基本估计模型可设定如下：

$$\ln Tech_t = \alpha + \beta_1 \ln Sd_t + \beta_2 \ln Sf_t \qquad (4-1)$$

其中，Tech 为技术指标；Sd 为国内研发资本存量；Sf 为一国所获得的国外研发资本存量。一般认为，对外直接投资、引进外资以及进口是一国获取国外技术外溢的三个主要渠道，本章主要关注的是对外直接投资渠道。

Potterie 和 Lichtenberg (2001) 构建的由 ODI 获取的国外 R&D 资本溢出测

算指标为：

$$Sfodi_t = \sum_j \frac{ODI_{j,t}}{K_{j,t}} S_{j,t}$$

其中，$Sfodi_t$ 表示一国 c 通过对外直接投资获得的国外研发资本存量，$ODI_{j,t}$ 为国家 c 在 t 期对国家 j $(j \neq c)$ 的直接投资量，$K_{j,t}$ 和 $S_{j,t}$ 分别表示 t 期国家 j 的固定资本形成总额和国内 R&D 资本存量。本章认为，东道国的技术保护会对一国获取该国的研发资本形成阻碍。东道国的技术保护程度越高，中国企业通过直接投资获取东道国的技术就越困难，同等投资量所得到的国外研发资本溢出额将越低。因此，我们在上述测算指标中引入东道国的技术保护因素（记为 tp），用以刻画国际技术溢出障碍，具体设定如下：

$$Sfodi_t = \sum_j \frac{ODI_{j,t}}{K_{j,t}} \cdot S_{j,t} \cdot \Phi(tp_{j,t})$$

为简化，参考 Bodman 和 Le（2013）的做法①，将函数 $\Phi(tp_{j,t})$ 设定为：$\Phi(tp_{j,t}) = 1/tp_{j,t}$。从而有：

$$Sfodi_t = \sum_j \frac{ODI_{j,t}}{K_{j,t}} \cdot S_{j,t} \cdot \frac{1}{tp_{j,t}} \tag{4-2}$$

同时，为了控制其他两个国际技术外溢渠道的影响，加入以下两个变量：

$$Sffdi_t = \sum_j \frac{FDI_{j,t}}{K_{j,t}} \cdot S_{j,t} \cdot \frac{1}{tp_{j,t}} \tag{4-3}$$

$$Sfim_t = \sum_j \frac{IMP_{j,t}}{Y_{j,t}} \cdot S_{j,t} \cdot \frac{1}{tp_{j,t}} \tag{4-4}$$

其中，$Sffdi_t$ 和 $Sfim_t$ 分别表示通过引进外资和进口获得的国外研发资本量，$FDI_{j,t}$ 和 $IMP_{j,t}$ 分别为国家 c 从国家 j 引进的外资量和进口量，$Y_{j,t}$ 为国家 j 的国内生产总值。

由此，模型（4-1）可以进一步写成：

$$\ln Tech_t = \alpha_i + \beta_1 \ln Sd_t + \beta_2 \ln Sfodi_t + \beta_3 \ln Sffdi_t + \beta_4 \ln Sfim_t \tag{4-5}$$

---

① Bodman 和 Le（2013）考虑的国际技术外溢障碍是两国之间的地理距离。

(二)估计模型扩展

参照模型(4-5)建立如下以中国省域作为研究对象的计量模型,用以考察中国对外直接投资的逆向技术溢出效应。考虑到技术创新存在连续性,在模型解释变量中引入技术变量的滞后项,具体设定如下:

$$\ln Tech_{i,t}=\alpha+\beta_0\ln Tech_{i,t-1}+\beta_1\ln Sd_{i,t}+\beta_2\ln Sfodi_{i,t}+\beta_3\ln Sffdi_{i,t}+\beta_4\ln Sfim_{i,t}+\varepsilon_{i,t}$$
(4-6)

其中,i为省域;t为年份;$\varepsilon_{i,t}$为随机扰动项;$Tech_{i,t}$为省域i第t年的技术水平;$Sd_{i,t}$为各省域内部的研发资本存量;$Sfodi_{i,t}$、$Sffdi_{i,t}$和$Sfim_{i,t}$为各省域分别通过对外直接投资、引进外资和进口三个渠道获得的国外研发资本存量,参考李梅和柳士昌(2012),根据各省域ODI、FDI和进口总量占比对上一小节中的$Sfodi_t$、$Sffdi_t$和$Sfim_t$赋予相应的权重计算得到,具体如下:

$$Sfodi_{i,t}=\frac{ODI_{i,t}}{\sum_i ODI_{i,t}}Sfodi_t \quad (4-7)$$

$$Sffdi_{i,t}=\frac{FDI_{i,t}}{\sum_i FDI_{i,t}}Sffdi_t \quad (4-8)$$

$$Sfim_{i,t}=\frac{IMP_{i,t}}{\sum_i IMP_{i,t}}Sfim_t \quad (4-9)$$

其中,$ODI_{i,t}$、$FDI_{i,t}$和$IMP_{i,t}$分别表示省域i第t年对外直接投资存量、外商直接投资额和进口总额。

综观现有文献,关于中国ODI逆向技术溢出效应的研究都是立足于总量上的分析。学者们仅关注对外直接投资整体获得的溢出额,并没有对以往投资和新增投资加以区分,因此不能深入考查不同来源的投资是否具有不同的溢出机理,也无法进一步挖掘新增投资中不同投资扩张模式的投资溢出效应。事实上,不同阶段的对外直接投资对国内技术创新的影响是有差异的。如ODI的"挤出效应"(王英和刘思峰,2008)则主要体现在新增投资部分,往期投资属于沉没成本，不会对当期国内投资形成挤占作用，因而 ODI 中以往投资部分对国内技术创新的负向作用非常微弱。另外，往期投资的"干中学"效应有利于海外子公司对母公司的技术反馈，同时已有子公司的持续生产以及利润返还也对国内母公司的生产规模有促进作用进而有利于母公司加大研发投入。当年新增的对外直接投资，根据对现有文献的梳理，预期对国内技术创新同时存在抑制和促进两个方向的影响，此外，预期不同投资边际对国内技术水平的影响也有所不同。具体而言，第一，无论是扩展边际还是集约边际的投资扩张，均会减少国内投资量，从而对国内技术进步形成一定阻碍作用，即 ODI 二元边际均对母国技术水平存在"挤出效应"。第二，新增对外投资可以通过扩大生产规模降低单位产品的研发成本进而给跨国企业带来更多的利润，使母公司有更充裕的资金投入新产品的研发，这方面的促进作用在扩展边际和集约边际均有体现。第三，新增投资通过跨国并购可以迅速获取发达国家先进技术，有效缩小与发达国家竞争者之间的技术差距。跨国并购往往在并购初期对母公司技术进步的促进效应最为明显，主要表现在扩展边际。第四，海外子公司将研发成果反馈给母公司也是 ODI 提升母国技术水平的重要渠道之一。在研发创新环境较好的东道国设立子公司，可以充分利用东道国的先进科学技术水平和人才储备，更快更好地产生新技术和新产品。集约边际一般发生在新产品成型后投入大规模生产阶段，追加投资资金主要用于新产品的生产，对技术水平的提升较为有限。因而通过子公司研发成果反馈渠道主要体现在扩展边际。第五，ODI 扩展边际还能通过提高跨国公司竞争意识迫使其提升自身技术水平。跨国公司新进入一个东道国可能会面临更为激烈的市场竞争，这会倒逼企业加大研发投入以提升产品竞争力（肖慧敏和刘辉煌，2014a，2014b）。可见，往期 ODI 与新增 ODI 的逆向技术溢出机理是具有显著差异的，而新增 ODI 的集约边际和扩展边际的外溢效应机制也不尽相同。具体作用机理如图 4-1 所示。

基于此，本章将各省域对外直接投资分解成往期 ODI 和新增 ODI，将新增 ODI 又进一步分解为投资的集约边际和投资的扩展边际，据此多维度分析中国对外直接投资的逆向技术溢出效应。

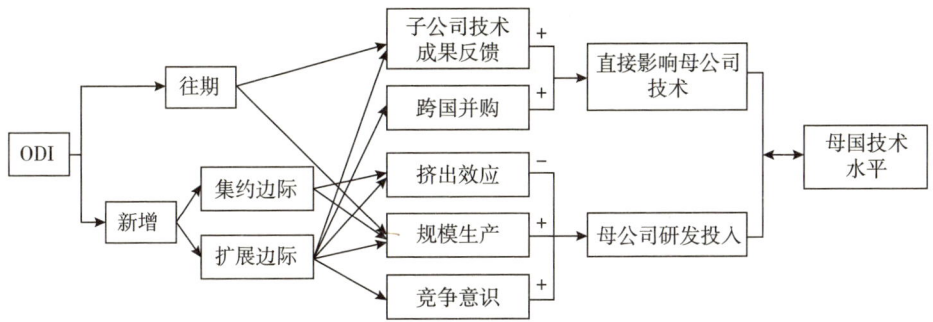

图4-1 ODI逆向技术溢出效应作用机理

定义省域 i 往期的ODI在 t 年获得的国外研发资本存量为：

$$Sfodi_{i,t}^f = \frac{ODI_{i,t-1}}{\sum_i ODI_{i,t}} Sfodi_t \qquad (4-10)$$

定义省域 i 在 t 年新增的ODI获得的国外研发资本存量为：

$$Sfodi_{i,t}^a = \frac{\Delta ODI_{i,t}}{\sum_i ODI_{i,t}} Sfodi_t \qquad (4-11)$$

定义省域 i 在 t 年新增ODI的集约边际获得的国外研发资本存量为：

$$Sfodi_{i,t}^{a_i} = \frac{\Delta ODI_{i,t}^{int}}{\sum_i ODI_{i,t}} Sfodi_t \qquad (4-12)$$

定义省域 i 在 t 年新增ODI的扩展边际获得的国外研发资本存量为：

$$Sfodi_{i,t}^{a_e} = \frac{\Delta ODI_{i,t}^{ext}}{\sum_i ODI_{i,t}} Sfodi_t \qquad (4-13)$$

其中，$\Delta ODI_{i,t} = ODI_{i,t} - ODI_{i,t-1}$；$\Delta ODI_{i,t}^{int}$ 和 $\Delta ODI_{i,t}^{ext}$ 由第三章公式（3-1）和公式（3-2）分别给出，且由公式（3-3）有：$\Delta ODI_{i,t} = \Delta ODI_{i,t}^{int} + \Delta ODI_{i,t}^{ext}$。于是，存在以下等式：

$$\frac{ODI_{i,t}}{\sum_i ODI_{i,t}} Sfodi_t = \frac{ODI_{i,t-1} + \Delta ODI_{i,t}}{\sum_i ODI_{i,t}} Sfodi_t = \frac{ODI_{i,t-1} + \Delta ODI_{i,t}^{int} + \Delta ODI_{i,t}^{ext}}{\sum_i ODI_{i,t}} Sfodi_t$$

从而有：$Sfodi_{i,t} = Sfodi_{i,t}^f + Sfodi_{i,t}^a = Sfodi_{i,t}^f + Sfodi_{i,t}^{a-i} + Sfodi_{i,t}^{a-e}$

由此，模型（4-6）可以扩展为：

$$\ln Tech_{i,t} = \alpha_i + \beta_0 \ln Tech_{i,t-1} + \beta_1 \ln Sd_{i,t} + \beta_2 \ln Sfodi^f_{i,t} + \beta_3 \ln Sfodi^a_{i,t} + \\ \beta_4 \ln Sffdi_{i,t} + \beta_5 \ln Sfim_{i,t} + \varepsilon_{i,t} \quad (4-14)$$

$$\ln Tech_{i,t} = \alpha_i + \beta_0 \ln Tech_{i,t-1} + \beta_1 \ln Sd_{i,t} + \beta_2 \ln Sfodi^f_{i,t} + \beta_3 \ln Sfodi^{a-i}_{i,t} + \\ \beta_4 \ln Sfodi^{a-e}_{i,t} + \beta_5 \ln Sffdi_{i,t} + \beta_6 \ln Sfim_{i,t} + \varepsilon_{i,t} \quad (4-15)$$

(三) 估计方法

在上述变量中，各省域研发资本存量 Sd 与技术存在双向因果关系。增加地区研发资本投入能有效推动技术进步，同时，技术水平高的地区往往更容易取得研发活动所需要的资金，故而 Sd 具有内生性。另外，模型解释变量中包含了被解释变量的一阶滞后项，这是造成模型内生性偏误的又一来源。国外研发资本存量取决于东道国综合国力及东道国相关政策，不受中国技术水平的影响，因而基于该指标计算得到的变量可以认为是不存在内生性的。

为了克服变量的内生性问题，本章采用两阶段差分 GMM（Two-step Difference GMM）作为模型参数的估计方法。差分 GMM 以内生变量的两阶及以上滞后项作为差分变量的工具变量。对得到的结果，通过 Arellano-Bond AR 检验判定模型误差项的序列相关性，通过 Sargan 检验判定工具变量的有效性。需要说明的是，相比差分 GMM，虽然系统 GMM 在估计中可用的工具变量更多、估计效率更高，但是，由于我们的样本量较少，使用过多的工具变量会导致 Sargan 检验功效下降。

第三节 数据说明与指标测算

一、数据说明

本章样本包括 30 个省、自治区和直辖市，西藏由于大量数据缺失予以剔除。在计算中国通过 ODI 获得的国外 R&D 资本存量时需要用到中国对各东道国直接投资的数据，为保证数据统计口径一致，这里只选用时间跨度为 2007～2014 年的数据，此前的投资数据由于未包含金融部分不予纳入分析。由此，本章的研究区间确定为 2007～2014 年。

二、指标测算

（一）被解释变量

现有文献主要采用全要素生产率和技术创新能力两种方法度量中国的技术水平，但是，它们对中国的适用性如何，能否真实反映中国技术的变化情况？下面将全面介绍这两种方法并最终确定被解释变量的度量方式。

1. 全要素生产率

采用全要素生产率作为技术的度量指标是目前国内学术界主流的做法，如李梅和柳士昌（2011a，2011b）、顾雪松和韩立岩（2015）、衣长军等（2015）、李俊（2019）。全要素生产率的测算主要有两种方法：一是索洛剩余法；二是非参数数据包络分析方法（Data Envelopment Analyses，DEA）。相比前者，后者由于无须设定具体的生产函数、无需技术中性假定、测算数据不需要统一量纲、可以鉴别生产率变化的动力来源而受到学者们的青睐。下面仅对 DEA 方法进行介绍，并通过数据对中国各省域的全要素生产率进行测算，同时结合中国实际情况判断该方法对中国研究的适用性。

Malmquist 生产率指数是 DEA 方法的核心，由 Caves 等（1982a，1982b）提出。本章以产出形式的 Malmquist 生产率指数为例具体说明整个定义过程，投入形式的 Malmquist 生产率指数与之类似，这里不再赘述。

首先，将每一个省域视为一个生产决策单元。对于每一个决策单元，任何一个时期（$t=1, 2, \cdots, T$）的生产技术决定了投入 x^t 向产出 y^t 转化的能力，将省域 i 的生产可能集 S_i^t 设为：

$$S_i^t = \{(x^t, y^t): 投入\ x^t \in \mathbb{R}_+^N, 产出\ y^t \in \mathbb{R}_+^M\}$$

定义 t 期的产出距离函数①为：

$$D_i^t(x^t,y^t) = \inf\{\theta:(x^t,y^t/\theta) \in S_i^t\} = (\sup\{\theta:(x^t,\theta y^t) \in S_i^t\})^{-1}$$

该函数可以看作某一生产点(x^t, y^t)向理想的最大可行产出点扩大的比例的倒数，刻画了(x^t, y^t)在 t 期的技术水平下的效率。当$(x^t, y^t) \in S_i^t$ 时，$D_i^t(x^t, y^t) \leq 1$；当且仅当(x^t, y^t)处于生产前沿边界，即在给定的投入水平下实现了最大产出，此时有 $D_i^t(x^t, y^t) = 1$。一般地，t 期技术水平下生产点(x^t, y^t)的距离函数值 $\theta^* = \|y^t\|/\|y^t_{\max}\|$，其中 $y^t_{\max}$ 为最大可行产出向量，$\|\cdot\|$为范数。以二维的例子具体说明，如图4-2所示。假设生产过程只有单一投入和单一产出，两期的生产可能集 $S^t \subseteq S^{t+1}$，生产点$(x^t, y^t) \in S^t$、$(x^{t+1}, y^{t+1}) \in S^{t+1}$ 且 $(x^{t+1}, y^{t+1}) \notin S^t$。在 t 期，给定投入 x^t，有实际产出 $y^t = a$，而最大可行产出（位于生产前沿边界上）为 b，此时观测到的实际产出扩大至某一可行产出的最大比例为 b/a，于是，距离函数值 $\theta^* = 1/(b/a) = a/b$。

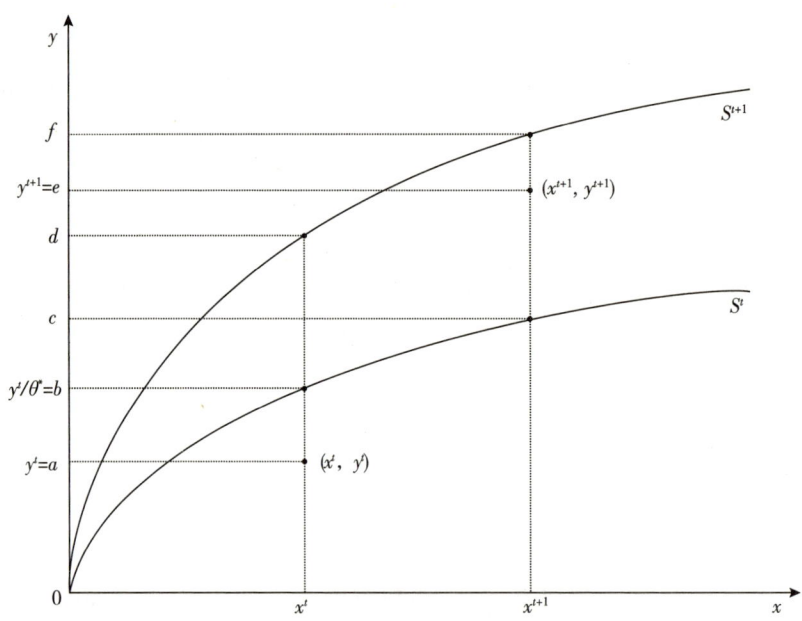

图4-2 产出形式的距离函数与 Malmquist 全要素生产率指数

---

① 投入距离函数的定义与之类似：$D_i^t(x^t,y^t) = \sup\{\lambda:(x^t/\lambda,y^t) \in S_i^t\}$。

涉及 t 期和 $t+1$ 期两期的产出距离函数有：

$$D_i^t(x^{t+1}, y^{t+1}) = \inf\{\theta : (x^{t+1}, y^{t+1}/\theta) \in S_i^t\}$$

$$D_i^{t+1}(x^t, y^t) = \inf\{\theta : (x^t, y^t/\theta) \in S_i^{t+1}\}$$

$D_i^t(x^{t+1}, y^{t+1})$ 表示在 t 期的技术水平下，生产点 (x^{t+1}, y^{t+1}) 的效率，对应图 4-2 中的 e/c；$D_i^{t+1}(x^t, y^t)$ 表示在 $t+1$ 期的技术水平下，生产点 (x^t, y^t) 的效率，对应图 4-2 中的 a/d。

Caves 等（1982a，1982b）定义的 Malmquist 生产率指数为：

$$M_i^t = \frac{D_i^t(x^{t+1}, y^{t+1})}{D_i^t(x^t, y^t)}$$

该指数以 t 期的技术作为基准技术。类似地，以 $t+1$ 期的技术为基准技术的 Malmquist 生产率指数则为：

$$M_i^{t+1} = \frac{D_i^{t+1}(x^{t+1}, y^{t+1})}{D_i^{t+1}(x^t, y^t)}$$

为了避免技术参照系选择时的随意性，以上述两个指数的几何平均值作为产出形式的 Malmquist 生产率变化指数，如下：

$$\begin{aligned} M_i(x^{t+1}, y^{t+1}, x^t, y^t) &= \left[\left(\frac{D_i^t(x^{t+1}, y^{t+1})}{D_i^t(x^t, y^t)}\right)\left(\frac{D_i^{t+1}(x^{t+1}, y^{t+1})}{D_i^{t+1}(x^t, y^t)}\right)\right]^{1/2} \\ &= \frac{D_i^{t+1}(x^{t+1}, y^{t+1})}{D_i^t(x^t, y^t)} \left[\left(\frac{D_i^t(x^{t+1}, y^{t+1})}{D_i^{t+1}(x^{t+1}, y^{t+1})}\right)\left(\frac{D_i^t(x^t, y^t)}{D_i^{t+1}(x^t, y^t)}\right)\right]^{1/2} \\ &\triangleq EC_i(x^{t+1}, y^{t+1}, x^t, y^t) \cdot TC_i(x^{t+1}, y^{t+1}, x^t, y^t) \end{aligned}$$

这里，EC 度量了从 t 期到 $t+1$ 期的相对效率变化，即观测到的实际产出与潜在最大产出之间的距离的变化：

$$EC_i(x^{t+1}, y^{t+1}, x^t, y^t) = \frac{D_i^{t+1}(x^{t+1}, y^{t+1})}{D_i^t(x^t, y^t)}$$

TC 度量了两期纯技术的变动，即技术边界从 t 期到 $t+1$ 期的移动：

$$TC_i(x^{t+1}, y^{t+1}, x^t, y^t) = \left[\left(\frac{D_i^t(x^{t+1}, y^{t+1})}{D_i^{t+1}(x^{t+1}, y^{t+1})}\right)\left(\frac{D_i^t(x^t, y^t)}{D_i^{t+1}(x^t, y^t)}\right)\right]^{1/2}$$

由此，生产率的变化被分解成两个部分：一是效率的变化，二是技术的变化。效率的改善是指生产向前沿边界逼近,技术的进步则是技术创新的反映。Malmquist 指数在生产率提高时超过 1,生产率降低时低于 1。同样地,它的构成成分 EC 在效率改善时高于 1,效率恶化时低于 1;TC 在技术进步时大于 1,技术退步时小于 1。需要说明的是,即使两期之间的投入和产出都没有变化,即 $x^t = x^{t+1}$ 且 $y^t = y^{t+1}$,此时计算得到的 $M_i(\cdot) = 1$,生产率指数没有任何变化,但这并不一定意味着 $EC_i = TC_i = 1$,仅说明两者是倒数关系而已。此外,生产率的提高也不意味着效率和技术的同时提高,两者变化方向可以完全相反。

在实际操作中,我们以各省域的资本存量和就业人数作为投入变量,以 GDP 作为产出变量,借助 DEAP 2.1 软件获得 Malmquist 生产率指数及其分解结果。由于 Malmquist 指数是相对数,因此必须确定一个基期,使各期计算得到的 Malmquist 生产率指数(TFP)具有可比性。这里以 2006 年为基期,于是,对于任一省域 i,有 $TFP_{i,2006} = 1$,其他年份的 TFP 与之对比产生。① 各省域的 GDP 采用地区生产总值指数进行折算(2006 年不变价格)。资本存量采用永续盘存法估计,基本公式为:

$$K_{i,t} = I_{i,t} + (1-\delta) K_{i,t-1}$$

其中,$K_{i,t}$ 为省域 i 第 t 年的固定资本存量;$I_{i,t}$ 为固定资本形成总额,用各省域固定资产投资价格指数折算成 2006 年不变价格。δ 为资本折旧率,遵循张军等(2004)、李梅和柳士昌(2012),取 9.6%。基期 $K_{i,0} = I_{i,0}/(g_i+\delta)$,这里以 2001 年为基年,$g_i$ 表示 2001~2014 年各省域固定资本形成总额的增长率。各省域 GDP 和生产总值指数、固定资本形成总额和固定资产投资价格指数数据均来自 EPS 数据库,就业人数数据来自各省(市)统计年鉴。

图 4-3 给出了中国 2007~2014 年的 Malmquist 全要素生产率指数(TFP)及其两个构成成分——相对效率变化指数(EC)和纯技术变化指数(TC)的趋势。从图 4-3 中可以看出,2007~2014 年中国全要素生产率逐年下降,而

---

① 李梅和柳士昌(2012)在确定基期后采用叠乘的方式计算后续各期的 TFP,他们的做法隐含地假定了 $\dfrac{D_i^t(x^{t+2}, y^{t+2})}{D_i^{t+2}(x^t, y^t)} = \dfrac{D_i^{t+1}(x^{t+2}, y^{t+2})}{D_i^{t+2}(x^{t+1}, y^{t+1})} \cdot \dfrac{D_i^t(x^{t+1}, y^{t+1})}{D_i^{t+1}(x^t, y^t)}$,我们认为这一假定过于严格,所以这里未采用他们的做法,而是将各期分别与基期进行对比得到后续每一期的生产率。

且下降幅度较大。与此同时，纯技术变化指数也随着时间推移不断下滑，只有相对效率变化指数平缓下滑。表4-1中中国各省域的全要素生产率也呈逐年递减的趋势。

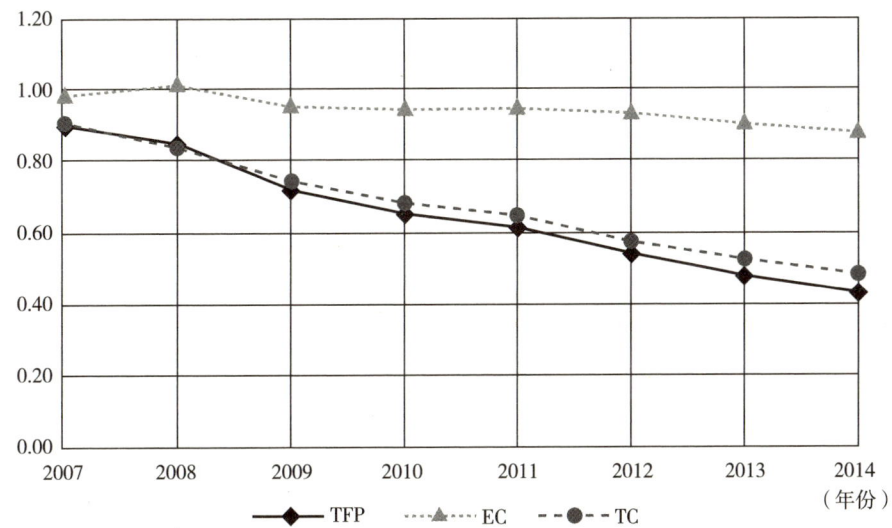

图4-3 2007~2014年中国全要素生产率及其构成成分变化趋势

表4-1 2007~2014年各省域全要素生产率

地区	省域	2007年	2008年	2009年	2010年	2011年	2012年	2013年	2014年
东部	北京	0.946	0.911	0.882	0.842	0.837	0.791	0.744	0.709
	福建	0.886	0.828	0.696	0.622	0.572	0.492	0.432	0.383
	广东	0.911	0.851	0.751	0.682	0.636	0.563	0.503	0.457
	海南	0.879	0.855	0.685	0.630	0.590	0.513	0.436	0.383
	河北	0.883	0.819	0.691	0.641	0.604	0.526	0.462	0.408
	江苏	0.939	0.941	0.794	0.735	0.686	0.601	0.537	0.505
	辽宁	0.910	0.966	0.691	0.623	0.570	0.499	0.436	0.403
	山东	0.910	0.866	0.735	0.660	0.608	0.541	0.484	0.436
	上海	0.966	0.882	0.846	0.836	0.833	0.786	0.741	0.719
	天津	0.854	0.909	0.652	0.580	0.546	0.499	0.446	0.401
	浙江	0.927	0.923	0.791	0.759	0.730	0.657	0.599	0.546

续表

地区	省域	2007年	2008年	2009年	2010年	2011年	2012年	2013年	2014年
中部	安徽	0.881	0.819	0.672	0.607	0.561	0.483	0.389	0.387
	河南	0.824	0.725	0.547	0.487	0.436	0.377	0.329	0.289
	黑龙江	0.863	0.781	0.615	0.576	0.546	0.473	0.402	0.363
	湖北	0.934	0.868	0.730	0.676	0.645	0.573	0.515	0.471
	湖南	0.889	0.816	0.670	0.589	0.553	0.490	0.435	0.390
	吉林	0.772	0.656	0.534	0.461	0.418	0.363	0.332	0.300
	江西	0.883	0.801	0.699	0.646	0.631	0.565	0.514	0.434
	山西	0.854	0.830	0.708	0.649	0.600	0.514	0.431	0.375
西部	甘肃	0.887	0.773	0.639	0.593	0.548	0.477	0.423	0.377
	广西	0.854	0.765	0.531	0.434	0.387	0.332	0.297	0.269
	贵州	0.920	0.885	0.805	0.719	0.661	0.590	0.526	0.476
	内蒙古	0.887	0.892	0.702	0.587	0.534	0.464	0.391	0.341
	宁夏	0.967	0.990	0.852	0.791	0.750	0.642	0.553	0.468
	青海	0.956	0.942	0.844	0.785	0.736	0.618	0.509	0.425
	陕西	0.876	0.835	0.700	0.642	0.601	0.533	0.467	0.415
	四川	0.899	0.848	0.697	0.627	0.589	0.530	0.477	0.434
	新疆	0.936	0.922	0.792	0.797	0.753	0.644	0.538	0.455
	云南	0.872	0.690	0.677	0.566	0.497	0.435	0.379	0.330
	重庆	0.887	1.039	0.788	0.721	0.685	0.609	0.538	0.492

众所周知，中国近十几年来综合技术水平取得了长足的进步，高铁、量子通信、人工智能等部分行业更是处于世界领先水平。然而，采用 DEA 方法得到的全要素生产率却年年下降，明显有悖于中国现实情况。这使我们不得不质疑以 DEA 方法下的全要素生产率作为中国技术度量指标的有效性。事实上，DEA 方法是通过"最优生产前沿"来判断决策单元的效率，它以投入产出效率的最大化为目标，非常适合企业、个体层面的研究，但是对于中国省际层面的研究，其适用性却值得商榷。中国经济在近十几年特别是 2008 年金融危机后增速放缓，在外贸疲软、内需增长缓慢的情况下，各省进行固定资产投资的目的更多是为了拉动经济增长，而非最大产出效率。当前国家正从高速发展转

向高质量发展,更加注重环境、民生等问题,固定资产投入中用于解决这些问题的比例在不断提高,而这部分投入对经济产出的贡献较小。近年来多个省市甚至出现了固定资产投资超过GDP的情况,这显然不满足DEA方法中关于投入产出效率最大化的基本假设。因此,基于DEA方法计算得到的全要素生产率并不适合作为中国技术水平的衡量指标。

2. 技术创新能力

鉴于DEA方法下的全要素生产率不适合作为中国技术水平的度量指标,接下来我们尝试采用技术创新能力来反映中国技术的变化。目前,衡量技术创新能力的方法一般有两种:一种是新产品的销售收入(Liu and Buck,2007;董有德和孟醒,2014),另一种是专利授权数量(Acs et al.,2002;沙文兵,2012)。前者由于缺乏严格而统一的新产品划分标准,加之新产品销售收入易受技术外的其他因素如营销策略、产品需求的影响而受到诟病。专利授权数量作为技术发明的量化指标,反映了拥有自主知识产权的科技和设计成果情况,充分体现了一个地区的技术创新能力,并且数据易得、完整、准确,因而被学者们广泛使用。

我们认为技术创新能力是一个多维度的概念,使用单一的专利授权数量作为其度量指标仍不够全面。为了尽可能全面准确地评估各省域的技术创新能力,同时考虑数据的可得性,我们采用专利申请受理数(*Patacc*)、专利申请授权数(*Patlic*)、中国科技论文被国外主要检索工具①收录的数量(*Thesis*)、技术市场技术输出额(*Techout*)四个指标来构建一个综合的测算指标,以此反映中国各省域技术水平。具体而言,发明专利是指对产品、方法或者其改进所提出的新的技术方案,专利申请受理数和授权数可以反映这些具有自主知识产权产品的形成数量,体现了企业的创新能力。科技论文被国外收录情况反映了科研实力及学术领域的发展,是科技话语权的重要体现。技术市场作为生产要素市场,既是科技创新的重要支撑,也是科技创新成果转化为应用的前沿阵地。技术市场技术输出额能有效反映技术转移效率、技术要素的市场化配置速度以及技术市场发展环境,也是体现技术创新能力的又一重要指标。四个指标

---

① 包括《科学引文索引》、《工程索引》和《会议论文集索引——科学》。

中国对外直接投资的经济效应

数据均来自EPS数据库。由于各指标单位不一致，需要对其进行无量纲化处理；同时为了使去量纲后的指标在不同年份之间具有可比性，必须设定单项指标基期年份，这里以2006年为基期。借鉴樊纲等（2003）的做法，单项指标在基期得分的最大值和最小值分别设为100①和0，根据下述公式确定各省域各指标每年的具体数值。需要说明的是，基期以后的年份指标值允许超过100或低于0。在完成去量纲化处理后，我们取四个指标的平均值作为技术创新能力的综合度量指标。②

$$\frac{V_k - V_{\min}}{V_{\max} - V_{\min}} \times 100$$

测算结果如表4-2所示。从整体上看，各省域的技术创新水平逐年提升，北京、广东、江苏、上海和浙江位列前五，东部地区技术创新水平明显高于中部和西部。显然，该结果与中国技术的区位分布和实际变化情况更为吻合。

表4-2 2007~2014年各省域技术创新水平

地区	省域	2007年	2008年	2009年	2010年	2011年	2012年	2013年	2014年
东部	北京	76.2503	89.1908	101.9707	129.1171	143.0707	170.5208	203.3915	227.6178
	福建	10.0353	11.2777	14.9028	20.9361	25.8376	34.5639	42.3143	44.3785
	广东	70.9037	77.6738	96.1185	128.5169	146.2263	173.5542	199.6448	208.7449
	海南	0.2360	0.4322	0.5892	0.8003	0.9997	1.2687	1.7095	1.8608
	河北	7.5811	9.0855	10.2410	14.0568	15.0551	20.0041	22.9093	25.8963
	江苏	56.0606	77.6515	117.5063	172.1304	240.1468	318.3724	318.3634	276.6367
	辽宁	20.9553	22.5580	26.0141	33.7397	35.4230	40.3068	41.7271	40.3261
	山东	33.0402	41.3699	47.7950	64.7813	76.9827	92.9899	104.2005	105.3503
	上海	52.9088	57.6043	68.6150	81.2814	83.1340	87.2127	90.4831	93.5255
	天津	13.9614	16.4282	17.9517	23.4510	29.3987	36.3465	46.9880	52.3862
	浙江	52.1510	65.6917	86.8925	112.2562	136.8805	191.5798	213.5691	198.3550

---

① 樊纲等（2003）在构建市场化指数时设定的最大值为10。
② 本章也尝试使用主成分分析方法对四个指标进行合成，但因为KMO检验整体值仅为0.57，因此未予采用。

续表

地区	省域	2007年	2008年	2009年	2010年	2011年	2012年	2013年	2014年
中部	安徽	8.2979	10.5789	14.8782	28.7153	39.1689	53.7373	64.6906	68.2292
	河南	10.7280	14.1266	15.8915	21.9670	25.8897	33.4960	38.9470	43.9054
	黑龙江	10.7116	12.2164	13.4170	16.4525	22.7538	30.6779	31.9490	30.1320
	湖北	18.3996	22.5123	26.8006	33.3926	36.6176	45.2155	55.2251	64.4379
	湖南	12.8218	14.8749	17.0994	23.1677	26.2484	32.9225	37.6486	41.0207
	吉林	7.1040	7.9602	8.4790	10.3425	11.4762	12.8832	14.7997	16.4063
	江西	3.1174	3.5592	4.7079	7.0619	8.6706	11.3871	14.1072	19.7313
	山西	3.1209	4.6251	5.4635	6.9915	8.7059	11.4266	13.9480	13.1128
西部	甘肃	3.6868	4.4393	4.9705	6.0660	7.2157	9.3688	12.1111	13.5357
	广西	2.4958	3.0951	3.6401	4.7018	6.1253	8.5947	12.8791	16.6985
	贵州	1.8461	2.0268	2.4743	3.5767	4.9766	7.2292	10.4436	13.2145
	内蒙古	1.6995	1.7808	2.1516	3.1635	3.3943	6.6890	5.7844	5.3828
	宁夏	0.2548	0.5272	0.7561	0.7586	0.6840	1.0659	1.6629	1.9106
	青海	0.2681	0.3572	0.4823	0.5380	0.8442	0.9633	1.2034	1.4508
	陕西	12.0427	15.7511	19.0999	27.3380	33.5179	42.5388	57.2529	62.6272
	四川	17.0952	22.1551	29.1420	39.8498	40.1963	55.0811	64.7291	70.8577
	新疆	1.7835	1.9036	2.1023	2.9816	3.3866	4.6267	6.0297	6.9682
	云南	2.9699	3.2351	4.3512	5.6850	6.1917	9.1198	10.7572	12.5610
	重庆	7.6141	9.2278	12.1287	19.8741	24.1142	29.0827	35.7669	40.1377
平均值	东部	35.8258	42.6331	53.5088	71.0061	84.8323	106.0654	116.8455	115.9162
	中部	9.2877	11.3067	13.3421	18.5114	22.4414	28.9683	33.9144	37.1220
	西部	4.7051	5.8636	7.3908	10.4121	11.8770	15.8509	19.8746	22.3041

综上分析，本章实证检验中的被解释变量技术水平将采用技术创新能力进行度量，记为 Tech。

（二）解释变量

1. **各省域研发资本存量（$Sd_{i,t}$）**

各省域的研发资本存量采用永续盘存法计算：

$$Sd_{i,t} = RD_{i,t} + (1-\tau) Sd_{i,t-1}$$

其中，$RD_{i,t}$ 为省域 i 第 t 年用居民消费价格指数 CPI 折算后的实际研发支出（2006 年不变价格）。τ 为研发资本折旧率，沿用 Coe 和 Helpman（1995），取 5%。基期 $Sd_{i,0} = RD_{i,0}/(g_i+\tau)$，这里以 2001 年为基年，$g_i$ 为 2001~2014 年各省域研发支出的增长率。各省域研发支出和 CPI 数据均来自 EPS 数据库。

2. 各省域通过 ODI 渠道获取的国外研发资本存量

首先按公式（4-2）计算中国对外直接投资获得的国外研发资本存量 $Sfodi_t$。《全球竞争力报告》(The Global Competitiveness Report) 中的"技术就绪水平"① (Technological Readiness，记为 Tr)、"高等教育与培训"② (Higher Education and Training，HET) 和"创新能力"③ (Innovation，记为 Inn) 三个指标在一定程度上反映了一国的战略资产拥有量，本章据此确定中国技术获取型 ODI 的目的国 j，用如下集合表示：

$$A = \{j : Tr_{j,t} > Tr_{China,t} \& Het_{j,t} > Het_{China,t} \& Inn_{j,t} > Inn_{China,t}, \forall t\}$$

Tr、Het 和 Inn 的赋值区间均为 [1, 7]，指标值越大表示该国对应维度的战略资产拥有量越多。据笔者统计，这三个指标每一年的数值均高于中国大陆的国家和地区有：澳大利亚、奥地利、比利时、加拿大、丹麦、芬兰、法国、德国、冰岛、爱尔兰、以色列、日本、韩国、卢森堡、马来西亚、荷兰、新西兰、挪威、新加坡、瑞典、瑞士、中国台湾、英国、美国。中国台湾由于研发支出数据缺失被剔除，最终确定 23 个国家作为中国海外 R&D 资本的来源地。

---

① 技术就绪水平（Technological Readiness）包括 "Availability of Latest Technologies"、"Firm-level Technology Absorption"、"FDI and Technology Transfer"、"Internet Users"、"Broadband Internet Subscriptions"、"Internet Bandwidth"、"Mobile Broadband Subscriptions"、"Mobile Telephone Subscriptions" 和 "Fixed Telephone Lines" 九个指标。

② 高等教育与培训（Higher Education and Training）包括 "Secondary Education Enrollment Rate"、"Tertiary Education Enrollment Rate"、"Quality of the Education System"、"Quality of Math and Science Education"、"Quality of Management Schools"、"Internet Access in Schools"、"Local Availability of Specialized Research and Training Services" 和 "Extent of Staff Training" 八个指标。

③ 创新能力（Innovation）包括 "Capacity for Innovation"、"Quality of Scientific Research Institutions"、"Company Spending on R&D"、"University-industry Collaboration in R&D"、"Government Procurement of Advanced Technology Products"、"Availability of Scientists and Engineers"、"PCT Patent Applications" 和 "Intellectual Property Protection" 八个指标。

相关变量的计算：①各国研发资本存量 $S_{j,t}$。计算方法与各省域研发资本存量 $Sd_{i,t}$ 的计算类似：$S_{j,t} = RD_{j,t} + (1-\tau)S_{j,t-1}$，研发支出 $RD_{j,t}$ 用各国研发支出占 GDP 比重乘以 GDP 计算得到，并用各国消费者价格指数折算成 2006 年不变价格，按计算各省域基期研发资本存量的方法计算各国基期研发资本存量 $S_{j,0}$（0 指代 2001 年），τ 同样取 5%。研发支出占比数据来自世界银行数据库和 OECD Factbook，各国 GDP 和 CPI 数据来自世界银行数据库。②各国技术保护程度 $tp_{j,t}$。采用知识产权保护水平作为其代理变量，一国知识产权保护水平的高低反映了技术转移与技术模仿的难度。各国知识产权保护水平数据来自《全球竞争力报告》中的"知识产权保护"（Intellectual Property Protection）指标，该指标的赋值区间同样为 [1, 7]，指标值越大表示该国的知识产权保护力度越大。③各国固定资本形成总额 $K_{j,t}$，数据来自世界银行数据库，用 CPI 进行折算，以 2006 年的价格表示。④中国对各国的直接投资存量 $ODI_{j,t}$，数据取自《中国对外直接投资统计公报》。通过这些变量得到 $Sfodi_t$ 后，再按公式（4-7）、公式（4-10）至公式（4-13）依次得到以下指标：

（1）各省域通过 ODI 获得的国外研发资本总溢出额（$Sfodi_{i,t}$）：按公式（4-7）进行计算。各省域 $ODI_{i,t}$ 存量数据来自《中国对外直接投资统计公报》，下同。

（2）各省域通过往期 ODI 获得的国外研发资本溢出额（$Sfodi_{i,t}^{f}$）：各省域 t 期之前的投资在 t 期获得的国外 R&D 资本存量按公式（4-10）计算得到。

（3）各省域通过新增 ODI 获得的国外研发资本溢出额（$Sfodi_{i,t}^{a}$）：各省域 t 期新增的 ODI 所获得的国外 R&D 资本存量按公式（4-11）计算得到。

（4）各省域通过新增 ODI 的集约边际获得的国外研发资本溢出额（$Sfodi_{i,t}^{a-i}$）：按公式（4-12）进行计算。

（5）各省域通过新增 ODI 的扩展边际获得的国外研发资本溢出额（$Sfodi_{i,t}^{a-e}$）：按公式（4-13）进行计算。

3. 各省域通过 FDI 渠道获取的国外研发资本存量（$Sffdi_{i,t}$）

首先按公式（4-3）计算中国引进外资获得的国外 R&D 资本存量 $Sffdi_t$，再根据公式（4-8）计算各省域通过 FDI 渠道获得的国外研发资本溢出额

$Sffdi_{i,t}$。中国从各国引进的外资量 $FDI_{j,t}$ 以及各省域外商直接投资额 $FDI_{i,t}$ 的数据均取自 EPS 数据库。

4. 各省域通过进口渠道获取的国外研发资本存量（$Sfim_{i,t}$）

首先按公式（4-4）计算中国进口获得的国外 R&D 资本存量 $Sfim_t$，再根据公式（4-9）计算各省域通过进口渠道获得的国外研发资本溢出额 $Sfim_{i,t}$。中国从各国进口的总额 $IMP_{j,t}$ 数据来自《中国统计年鉴》，各省域进口额 $IMP_{i,t}$ 的数据来自 EPS 数据库。

三、变量描述性统计

变量的描述性统计结果如表 4-3 所示。所有变量均进行了对数化处理。需要说明的是，由于投资数据存在零值和负值，因而 ODI 渠道获得的国外研发溢出额也可能会出现零值和负值，借鉴 Busse 和 Hefeker（2007）的做法，以下述公式对这些变量进行对数化转换：

$$variable^* = \ln\left(variable + \sqrt{variable^2 + 1}\right)$$

表 4-3 变量统计特征

变量	观测值	均值	标准差	最小值	中位数	最大值
$Tech$	240	2.7234	1.5538	-1.4441	2.7997	5.7632
Sd	240	15.487	1.3850	11.719	15.6248	18.0365
$Sfodi$	240	9.3829	1.9024	3.3056	9.6858	13.5143
$Sfodi^f$	240	8.9552	1.9888	2.7445	9.2777	13.1459
$Sfodi^a$	240	8.5345	2.8706	-9.5459	9.0709	13.0611
$Sfodi^{a-i}$	240	6.1215	5.7029	-9.7028	8.2690	12.5778
$Sfodi^{a-e}$	240	7.3853	3.5479	-8.5354	8.1738	12.7826
$Sffdi$	240	8.9411	1.3862	5.9199	8.8447	11.8696
$Sfim$	240	10.691	1.5977	6.8479	10.4901	14.2802

第四节 实证结果分析

在回归分析之前,先进行变量的平稳性检验和多重共线性检验,检验结果分别如表4-4和表4-5所示。根据表4-4,所有变量序列的 LLC、ADF-Fisher 和 Hadri LM 三种检验结果均在1%的显著性水平下拒绝"面板包含单位根"的原假设,可以认为这些变量均为平稳变量,所以下文的回归分析中不存在"伪回归"问题。观察表4-5的相关系数矩阵发现,变量 $Sfodi$ 与变量 $Sffdi$、$Sfim$ 高度相关,本章研究重点是 ODI 的逆向技术溢出效应,因此在回归模型中将这两个变量剔除。变量 $Sfodi$ 与变量 $Sfodi^f$、$Sfodi^a$ 之间的相关系数同样很大,但它们并不会同时出现在同一回归方程中。此外,除了 Sd 与 $Sfodi$、$Sfodi^f$ 的相关系数绝对值超过 0.7 外,其他解释变量之间的相关系数绝对值均在 0.7 以下。进一步地,根据方差膨胀因子检验结果可知,在剔除变量 $Sffdi$、$Sfim$ 后,无论是模型(4-6)还是模型(4-14)和模型(4-15),变量的 VIF 值都在 1~3 的范围内,远小于 5 的临界值。由此可判定各模型解释变量之间不存在严重的多重共线性问题。

表 4-4 面板数据单位根检验

变量	LLC	ADF-Fisher				Hadri LM	结论
		(1)	(2)	(3)	(4)		
$Tech$	-14.1719*** [0.0000]	134.7453*** [0.0000]	-5.6408*** [0.0000]	-5.7264*** [0.0000]	6.8233*** [0.0000]	6.7556*** [0.0000]	平稳
Sd	-3.9865*** [0.0000]	176.8886*** [0.0000]	-7.5567*** [0.0000]	-8.1323*** [0.0000]	10.6704*** [0.0000]	9.0344*** [0.0000]	平稳
$Sfodi$	-25.1983*** [0.0000]	159.8120*** [0.0000]	-7.0965*** [0.0000]	-7.3619*** [0.0000]	9.1115*** [0.0000]	6.5673*** [0.0000]	平稳

续表

变量	LLC	ADF-Fisher				Hadri LM	结论
		(1)	(2)	(3)	(4)		
$Sfodi^f$	-22.8152*** [0.0000]	157.2346*** [0.0000]	-7.2997*** [0.0000]	-7.4401*** [0.0000]	8.8763*** [0.0000]	6.8662*** [0.0000]	平稳
$Sfodi^a$	-19.2061*** [0.0000]	225.4351*** [0.0000]	-9.8442*** [0.0000]	-10.9408*** [0.0000]	15.1021*** [0.0000]	4.8764*** [0.0000]	平稳
$Sfodi^{a\_i}$	-3.2039*** [0.0007]	119.1244*** [0.0000]	-5.2235*** [0.0000]	-5.0820*** [0.0000]	5.3973*** [0.0000]	6.7873*** [0.0000]	平稳
$Sfodi^{a\_e}$	-51.3329*** [0.0000]	172.2354*** [0.0000]	-7.7213*** [0.0000]	-8.1813*** [0.0000]	10.2456*** [0.0000]	6.3718*** [0.0000]	平稳
$Sffdi$	-5.1799*** [0.0000]	115.8846*** [0.0000]	-4.9194*** [0.0000]	-4.7979*** [0.0000]	5.1015*** [0.0000]	6.8708*** [0.0000]	平稳
$Sfim$	-21.6776*** [0.0000]	121.3536*** [0.0000]	-4.8939*** [0.0000]	-4.8877*** [0.0000]	5.6008*** [0.0000]	5.8127*** [0.0000]	平稳

注：LLC、ADF-Fisher 和 Hadri LM 三种检验方法对应的检验类型（c, t, μ_i, p）分别是（0, 1, 1, 1）、（1, 0, 0, 1）和（0, 1, 1, 1），其中（c, t, μ_i, p）表示面板单位根检验是否加入漂移项 c、线性时间趋势项 t，是否控制了个体固定效应 μ_i，以及指定的滞后阶数 p。为了缓解可能存在的截面相关，在检验过程中先将面板数据减去各截面单位的均值，以避免检验方法存在"显著性水平扭曲"问题。ADF-Fisher 检验中四列结果分别对应"逆卡方变换"、"逆正态变换"、"逆逻辑变换"和"修正逆卡方变换"下的统计量和相应的 P 值。*** 、** 、* 分别表示在 1%、5%、10%下的显著性水平；[ ] 内数值为相应检验统计量的 P 值，下表同。

表 4-5 多重共线性检验

相关系数检验								
	Sd	Sfodi	$Sfodi^f$	$Sfodi^a$	$Sfodi^{a\_i}$	$Sfodi^{a\_e}$	Sffdi	Sfim
Sd	1							
Sfodi	0.7575	1						
$Sfodi^f$	0.7538	0.9878	1					
$Sfodi^a$	0.5184	0.7106	0.6413	1				
$Sfodi^{a\_i}$	0.1936	0.2073	0.1301	0.4873	1			

续表

相关系数检验								
	Sd	Sfodi	Sfodi^f	Sfodi^a	Sfodi^{a-i}	Sfodi^{a-e}	Sffdi	Sfim
Sfodi^{a-e}	0.4683	0.5851	0.5745	0.4005	0.002	1		
Sffdi	0.8142	0.6914	0.6815	0.4777	0.1745	0.4389	1	
Sfim	0.8259	0.7963	0.7901	0.5443	0.2147	0.4744	0.9159	1
方差膨胀因子检验（VIF）								
模型（4-6）	2.3461	2.3461						
模型（4-14）	2.3274		2.8906	1.7067				
模型（4-15）	2.3822		2.7114		1.0502	1.5144		

一、基本回归结果

通过 Davidson-MacKinnon（1993）提出的方法从数据上对变量 Sd 的内生性做具体检定，检验的原假设是 Sd 与干扰项不相关。用 STATA 13.0 计算得到的 Davidson-MacKinnon 检验统计量值为 4.09，对应的 P 值小于 0.05，拒绝原假设，说明变量 Sd 确实存在内生性，选用对内生变量进行处理的差分 GMM 是合理的。

表 4-6 汇报了基本的回归结果。所有模型的联合显著性 Wald 检验均在统计上显著，说明模型整体显著。Sargan 检验统计量的 P 值大于 0.1，说明三个模型采用的工具变量均是合理的，不存在过度识别问题。Arellano-Bond AR 检验表明残差的差分存在一阶序列相关，但不存在二阶序列相关，说明原模型的误差项不存在序列相关性，符合差分 GMM 的使用条件。被解释变量的一阶滞后项 $L.Tech$ 在三列中都显著为正，说明技术具有连续性，这也说明了引入滞后项的合理性。变量 Sd 的系数在所有模型设定下都为正值，且在统计上显著，说明增加中国国内研发资本投入能推进技术创新、推动技术发展。目前即使是从发达国家直接引进的技术，也需要在国内对其进行全面研究并做出必要改进使其更加适应中国的实际需要。

表 4-6 基本回归结果

	(1)	(2)	(3)
L. Tech	0.3933***	0.4475***	0.4272***
	(0.0126)	(0.0254)	(0.0227)
Sd	0.3471***	0.3842***	0.4064***
	(0.0371)	(0.0380)	(0.0319)
Sfodi	0.1136***		
	(0.0144)		
$Sfodi^f$		0.0652***	0.0566***
		(0.0075)	(0.0096)
$Sfodi^a$		0.0071***	
		(0.0015)	
$Sfodi^{a\_i}$			0.0003
			(0.0003)
$Sfodi^{a\_e}$			0.0105***
			(0.0011)
Constant	-4.7081***	-4.9977***	-5.2293***
	(0.4329)	(0.5027)	(0.4050)
Wald 统计量	3.70e+04***	4.00e+04***	4.20e+04***
	[0.0000]	[0.0000]	[0.0000]
Arellano-Bond AR (1)	-1.9985**	-2.0122**	-1.7251*
	[0.0457]	[0.0442]	[0.0845]
Arellano-Bond AR (2)	0.6436	0.8424	0.1870
	[0.5199]	[0.3995]	[0.8516]
Sargan 统计量	29.9168	29.8002	29.8056
	[0.2711]	[0.2760]	[0.2757]
样本量	180	180	180

注：( ) 内数值为回归系数标准误，下表同。

列 (1) 是模型 (4-6) 的回归估计结果，变量 Sfodi 的系数在 1% 的水平下显著为正，说明中国通过对外直接投资获得的国外研发资本有利于促进本国技术进步，符合预期。对比变量 $Sfodi$ 与 Sd 的系数大小可以发现，中国技术创新对国内研发的弹性系数（0.3471）相当于对国外研发（ODI 渠道）弹性系数（0.1136）的三倍，说明中国的对外投资虽然对本国具有积极的逆向技术外溢效应，但是远不如国内研发资本给中国技术带来的影响。这启示我们：本国的研发投入才是中国技术进步的主要推动力，不能忽视国内研发体系的建设。

列（2）是模型（4-14）的回归估计结果，这里将 ODI 获得的总溢出效应分解成往期 ODI 溢出效应和新增 ODI 溢出效应。变量 $Sfodi^f$ 和 $Sfodi^a$ 的系数均显著为正，但前者的系数远大于后者的系数（0.0652>0.0071），说明通过往期 ODI 和新增 ODI 获得的国外研发资本均对中国的技术创新能力有提升作用，但往期 ODI 的作用效果更强。对此，可能的解释是：无论是海外子公司自主研发新技术还是与东道国企业合作共同研发均需要一定的时间积累；此外，海外子公司将新习得的技术反馈到国内，母公司也需要时间吸收和消化。

列（3）是模型（4-15）的回归估计结果，这里进一步将新增 ODI 的溢出效应分解为投资集约边际的溢出效应和投资扩展边际的溢出效应。变量 $Sfodi^f$ 的系数有所下降，但在统计上仍显著。$Sfodi^{a-i}$ 和 $Sfodi^{a-e}$ 的系数均为正值，但前者在统计上不显著，后者则通过了 1%水平下的显著性检验，说明在新增的 ODI 中，扩展边际的投资扩张模式对中国的技术创新有促进作用，但集约边际的扩张模式促进作用不明显。可能的原因是：集约边际一方面通过扩大生产规模取得超额利润投资于国内研发；另一方面又对国内投资产生挤占，两者作用方向相反，因而集约边际不存在明显的逆向技术溢出。扩展边际的投资扩张虽然也会挤占国内投资，但它通过跨国并购可以迅速获得所并购企业的先进技术，同时竞争意识的提升也会促使公司加大研发力度。

二、稳健性检验

（一）变换研发资本折旧率 τ

前文我们沿用 Coe 和 Helpman（1995）对研发资本折旧率取值的设定，取

5%。作为稳健性分析,我们参考 Castellani 和 Pieri (2011)、Ang 和 Madsen (2013)、Mitze 等 (2016),分别取 7.5%、10%、12%,以检验研发资本折旧率的选取是否会对本章的主要结论造成影响。检验结果如表 4-7 前三列所示。显然,所有变量系数的符号和显著性均与表 4-6 中列(3)结果完全一致,说明研发资本折旧率设定的不同并不会导致前文结论发生变化。

表 4-7 稳健性检验结果

	(1) $\tau=7.5\%$	(2) $\tau=10\%$	(3) $\tau=12\%$	(4) IV-2SLS	(5) FGLS	(6) SDM
$L.Tech$	0.4269*** (0.0221)	0.4272*** (0.0330)	0.4291*** (0.0336)			
Sd	0.4194*** (0.0311)	0.4325*** (0.0526)	0.4397*** (0.0547)	0.9073*** (0.1002)	1.0465*** (0.0121)	1.0293*** (0.0480)
$Sfodi^f$	0.0535*** (0.0094)	0.0502*** (0.0101)	0.0479*** (0.0103)	0.0652* (0.0336)	0.0382*** (0.0062)	0.0619* (0.0353)
$Sfodi^{a\_i}$	0.0003 (0.0003)	0.0002 (0.0003)	0.0002 (0.0003)	0.0006 (0.0020)	0.0035 (0.0031)	0.0013 (0.0039)
$Sfodi^{a\_e}$	0.0110*** (0.0012)	0.0112*** (0.0011)	0.0114*** (0.0011)	0.0103** (0.0045)	0.0083*** (0.0019)	0.0118** (0.0055)
$Constant$	-5.3512*** (0.3965)	-5.4785*** (0.6775)	-5.5410*** (0.7026)	-11.9912*** (1.2727)	-13.9134*** (0.1427)	
Wald 统计量	5.90e+04*** [0.0000]	3.00e+05*** [0.0000]	3.20e+05*** [0.0000]	8.70e+04*** [0.0000]	3.30e+04*** [0.0000]	—
Arellano-Bond AR(1)	-1.7264* [0.0843]	-1.7311* [0.0834]	-1.7321* [0.0833]	—	—	
Arellano-Bond AR(2)	0.2174 [0.8279]	0.2483 [0.8039]	0.2711 [0.7863]	—	—	
Sargan 统计量	29.8181 [0.2752]	29.8170 [0.2753]	29.8068 [0.2757]	0.8090 [0.3684]		
ρ	—	—	—	—	—	0.2579** [0.0160]
样本量	180	180	180	180	240	240

注:由于 Hausman 检验卡方统计量值为 9.84(P=0.04),所以列(4)和列(6)采用的是固定效应的 IV-2SLS 估计和固定效应的 SDM 模型。

(二) 变换估计方法

前文使用差分 GMM 方法估计模型（4-15）的参数，这里重新对模型进行设定，不考虑技术的连续性，采用面板工具变量两阶段最小二乘法（IV-2SLS）重新对模型参数进行估计。由于寻找合适有效的工具变量十分困难，所以这里直接取内生变量的一阶和二阶滞后项作为其工具变量，回归结果如表4-7列（4）所示。Sargan 检验统计量的 P 值大于 0.1，说明不存在过度识别问题，工具变量合理。变量 Sd、$Sfodi^f$ 和 $Sfodi^{a-e}$ 的系数均在统计上显著，且为正值，而变量 $Sfodi^{a-i}$ 的系数不显著，均与表4-6列（3）结果一致，说明结论是稳健的。

在面板数据模型中，扰动项若存在组间异方差或组间同期相关（或称为截面相关），则 OLS 估计量虽具有无偏性，但不再有效。在不考虑被解释变量滞后项、不考虑变量 Sd 的内生性的情况下，沃尔德检验统计量值为 11109.94，P<0.01，拒绝了"同方差"的原假设，认为存在组间异方差；Pesaran 检验统计量值为 2.95，P<0.01，拒绝了"无组间同期相关"的原假设，认为存在截面相关。那么，组间异方差和截面相关的存在是否会影响前文估计系数？为此，我们采用同时对组间异方差和同期相关进行处理的可行广义最小二乘法（FGLS）替代原来的差分 GMM 再次对模型的参数进行估计，结果如表4-7列（5）所示。所有变量系数的符号和显著性均与前文无异，说明残差项虽然存在组间异方差和截面相关性，但并不会对本章的主要结论造成影响。

在基准估计方法中，我们隐含地假定了各省域变量相互独立，完全忽视了空间的相关性。而实际上，由于邻近省域之间劳动力相互流动等原因，省域与省域之间的技术是存在外溢效应的。为此，我们将检验空间因素是否会对本章结论造成影响。在不考虑被解释变量滞后项、不考虑变量 Sd 的内生性的情况下，莫兰指数 I 检验统计量值为 5.79、吉尔里指数 C 检验统计量值为 -7.61、

Getis-Ord 指数 G 检验统计量值为 4.27，三种空间相关性检验①统计量的 P 值均小于 0.01，说明省域技术确实存在显著的空间自相关。我们采用考虑了空间相关性的空间杜宾面板模型②（Spatial Durbin Model，SDM）重新检验国内外研发资本对中国技术的影响，结果如表 4-7 列（6）所示。变量系数符号和显著性与表 4-6 列（3）结果无本质区别，说明空间相关性的存在并不会影响本章的结论。

三、技术创新分指标的讨论

前文采用专利申请受理数（Patacc）、专利申请授权数（Patlic）、中国科技论文被国外主要检索工具收录的数量（Thesis）和技术市场技术输出额（Techout）四个指标构建了一个反映中国省域技术创新能力的综合指标。而这四个指标中，专利申请受理、授权数量的多少主要展现的是研发成果的情况，科技论文被国外收录情况体现了学术科研领域的发展，技术市场技术输出额则直接反映了技术水平，四个分指标之间不具有完全替代性。因此，我们将从二元边际的视角进一步考察对外直接投资获取的国外研发资本与不同技术创新分指标之间的关系。表 4-8 给出了相应的检验结果。

表 4-8 技术创新分指标检验结果

	(1)	(2)	(3)	(4)
	$Y=Patacc$	$Y=Patlic$	$Y=Thesis$	$Y=Techout$
L.Y	0.5236***	0.3038***	0.4535***	0.1241***
	(0.0241)	(0.0413)	(0.0182)	(0.0301)

---

① 莫兰指数 I、吉尔里指数 C 和 Getis-Ord 指数 G 三种空间相关性检验方法都是针对截面回归模型提出的。本章参考何江和张馨之（2006），利用 $nT×nT$ 的分块对角矩阵 M 代替三种检验统计量计算公式中的空间权重矩阵 W，从而将这些检验应用到面板数据模型中。M 由 $T×T$ 的单位矩阵 I_T 和 $n×n$ 的空间权重矩阵 W 的克罗内克积构成，即 $M=I_T⊗W$。这里的空间权重矩阵采用地理邻接权重方法构建，即相邻省域取值 1，不相邻省域取值 0。需要说明的是，我们将广东视为海南的相邻省份。

② SDM 假定被解释变量本身及其影响因素会通过空间传导机制作用于其他地区。

续表

	(1)	(2)	(3)	(4)
	$Y=Patacc$	$Y=Patlic$	$Y=Thesis$	$Y=Techout$
Sd	0.3793*** (0.0513)	0.3908*** (0.0689)	0.4880*** (0.0248)	0.5909*** (0.0815)
$Sfodi^f$	0.0498*** (0.0145)	0.1311*** (0.0161)	-0.0586*** (0.0048)	0.0476 (0.0298)
$Sfodi^{a\_i}$	0.0027*** (0.0006)	0.0017** (0.0008)	-0.0041*** (0.0003)	0.0019 (0.0012)
$Sfodi^{a\_e}$	0.0103*** (0.0016)	0.0136*** (0.0023)	0.0089*** (0.0010)	0.0092*** (0.0020)
Constant	-1.6785*** (0.5660)	-0.9186 (0.7346)	-2.3711*** (0.2265)	1.5528 (1.3630)
Wald 统计量	3.50e+04*** [0.0000]	1.20e+04*** [0.0000]	4.70e+04*** [0.0000]	801.5062*** [0.0000]
Arellano-Bond AR(1)	-1.9922** [0.0463]	-1.4954 [0.1348]	-2.9821*** [0.0029]	-1.5909 [0.1116]
Arellano-Bond AR(2)	0.0964 [0.9232]	-0.0417 [0.9667]	1.8186* [0.0690]	-0.7909 [0.4290]
Sargan 统计量	24.2903 [0.5594]	29.0647 [0.3082]	29.5289 [0.2876]	26.9029 [0.4144]
样本量	180	180	180	180

注：四个技术创新分指标均进行了对数化处理。

变量 Sd 的系数在所有模型设定下均显著为正，说明国内研发投入的增加能极大推动中国技术创新，无论是专利申请受理还是授权数量、无论是科技论文被收录数量还是技术输出额，均显著增加。在列（1）、列（2）的回归结果中，变量 $Sfodi^f$、$Sfodi^{a\_i}$ 和 $Sfodi^{a\_e}$ 的系数均显著为正，说明不管是何种形式的ODI，均能通过逆向技术溢出促进中国研发成果的增加。在列（3）中，变量 $Sfodi^f$ 和 $Sfodi^{a\_i}$ 的系数均显著为负，只有变量 $Sfodi^{a\_e}$ 的系数显著为正，说明只有新增 ODI 扩展边际对中国的学术科研具有积极的溢出效应，扩展边际扩大了中国的投资范围,有助于东道国与国内的学术交流;而往期ODI以及新增ODI集约边际对中国学术科研发展作用不大,甚至可能会有反向作用。在列(4)的结果中,变量$Sfodi^{a-e}$的系数在1%的水平下显著为正,说明ODI扩展边际的投资扩张有利于促进中国各省域技术市场的输出。扩展边际通过跨国并购除了能获取与母公司生产紧密相关的技术知识外,还可能额外获得其他技术,这部分技术可以在技术市场上售出。而变量$Sfodi^{I}$和$Sfodi^{a-i}$的系数在统计上均不显著,说明从数据上并未观察到各省域往期ODI、新增ODI集约边际与技术市场输出额之间的互补关系。

四、扩展性分析

在扩展性分析中,我们将进一步考察中国对外直接投资的二元边际与中国技术创新效率之间的关系。上文中,我们看到中国对外投资的扩展边际具有积极的逆向技术溢出效应,集约边际的投资扩张则对中国技术创新能力没有显著推动作用。但技术创新效率不同于技术创新能力,前者更加关注技术投入与技术产出之间的关系,后者只强调技术产出。那么,投资的扩展边际和集约边际对中国的技术创新效率又有何影响,是否遵循前文的规律?此外,为了更加深入了解对外直接投资、引进外资和进口三种国际技术溢出渠道对中国技术的影响程度,我们还将对比分析它们的技术外溢效应并据此鉴别出对中国技术进步最有益的开放路径,以期为中国政府制定相应的政策提供参考。

(一) ODI 二元边际与技术创新效率

表4-9汇报了中国对外直接投资与技术创新效率关系的回归结果。技术创新效率采用DEA方法获得,以研发人员全时当量、研发经费内部支出作为技术投入变量,仍以专利申请受理数、专利申请授权数、中国科技论文被国外主要检索工具收录的数量和技术市场技术输出额作为技术产出变量[①],数据均

[①] 借助DEAP 2.1软件测算时无须手动对投入变量和产出变量进行去量纲化处理,但需选定基期,这里仍以2006年作为基期,基期技术创新效率为1,其他各期效率水平分别与基期对比产生。

来源于 EPS 数据库。从检验的结果来看,变量 Sd 的系数在所有模型设定下均显著为正,说明增加国内研发资本有利于提升中国的技术创新效率。由此可以看出,中国技术的创新尚处于规模报酬递增阶段,所以应当加大本国研发投入从而获得更大的技术产出。根据列(1)的回归结果,变量 Sfodi 的系数显著为正,说明从整体上看,通过对外直接投资获得的国外研发资本有助于提升中国技术创新效率。一方面,ODI 加强了中国与东道国的技术信息交流,有助于中国科技成果数量和质量的提升;另一方面,母公司通过 ODI 取得国外技术后,只需要投入较少的研发资本便可对其进行模仿改进进而获得更为丰富的技术成果。列(2)结果显示,变量 $Sfodi^f$ 的系数显著为正,但变量 $Sfodi^a$ 的系数在统计上不显著,说明中国对外投资对本国技术创新效率的提升作用主要来自于往期投资,新增投资的作用甚微。进一步地,根据列(3)的回归结果我们发现,变量 $Sfodi^{a-i}$ 和 $Sfodi^{a-e}$ 的系数符号截然相反,并且都在统计上显著,说明新增 ODI 的扩展边际虽然提高了本国技术的投入产出效率,但集约边际却起到了相反的作用,这也解释了新增 ODI 对中国技术创新效率之所以没有显著影响的原因。

表4-9 ODI 二元边际对技术创新效率的影响

	(1)	(2)	(3)
L. Tech	0.2763*** (0.0238)	0.2564*** (0.0253)	0.2670*** (0.0205)
Sd	0.1441*** (0.0532)	0.1922*** (0.0477)	0.2078*** (0.0493)
Sfodi	0.0592*** (0.0228)		
$Sfodi^f$		0.0383** (0.0150)	0.0239* (0.0142)
$Sfodi^a$		-0.0006 (0.0008)	

续表

	(1)	(2)	(3)
$Sfodi^{a\_i}$			-0.0032*** (0.0006)
$Sfodi^{a\_e}$			0.0077*** (0.0018)
Constant	-1.8977*** (0.5979)	-2.4150*** (0.6018)	-2.5729*** (0.6342)
Wald 统计量	989.3355*** [0.0000]	770.6159*** [0.0000]	5.70e+03*** [0.0000]
Arellano-Bond AR (1)	-2.5393** [0.0111]	-2.4278** [0.0152]	-2.2706** [0.0232]
Arellano-Bond AR (2)	1.6987* [0.0894]	1.7035* [0.0885]	1.6619* [0.0965]
Sargan 统计量	29.6533 [0.2822]	28.4509 [0.3366]	27.0659 [0.4059]
样本量	180	180	180

(二) ODI、FDI 和进口的技术外溢效应比较分析

表4-10报告了对外直接投资、引进外资和进口对中国技术的外溢效应。列（1）中变量 $Sfodi$ 和列（2）中变量 $Sffdi$ 的系数均显著为正，并且后者系数大于前者（0.1258>0.1136），说明对外直接投资和外商直接投资对中国技术创新均具有积极的外溢效应，但外商直接投资的外溢效应更大。对此，我们的解释是：外商在华投资直接带来了国外的先进技术；同时外资企业的进驻加剧了中国国内的市场竞争，迫使国内同行企业加快技术模仿与创新，因而外商直接投资对国内技术创新的促进作用更为明显。列（3）中变量 $Sfim$ 的系数在统计上不显著，说明进口贸易对中国技术创新不存在明显的外溢效应。一方面，进口贸易为国内技术模仿带来了便利，对中国技术创新有正向影响；但另

一方面,进口贸易填充了国内市场空白,削弱了中国在这部分产品的创新动力,对中国技术起到抑制作用。总体而言,对于中国,外商直接投资和对外直接投资是最为重要的两个国际技术溢出渠道。

表 4-10 ODI、FDI 和进口的技术外溢效应比较

	(1)	(2)	(3)
L.Tech	0.3933*** (0.0126)	0.5470*** (0.0301)	0.5488*** (0.0370)
Sd	0.3471*** (0.0371)	0.4069*** (0.0340)	0.4592*** (0.0363)
Sfodi	0.1136*** (0.0144)		
Sffdi		0.1258*** (0.0120)	
Sfim			0.0030 (0.0197)
Constant	-4.7081*** (0.4329)	-6.0838*** (0.4096)	-5.8031*** (0.4796)
Wald 统计量	3.70e+04*** [0.0000]	3.20e+04*** [0.0000]	3.20e+04*** [0.0000]
Arellano-Bond AR (1)	-1.9985** [0.0457]	-1.9883** [0.0468]	-1.9035* [0.0570]
Arellano-Bond AR (2)	0.6436 [0.5199]	0.6557 [0.5120]	0.7180 [0.4728]
Sargan 统计量	29.9168 [0.2711]	29.5299 [0.2875]	29.3477 [0.2955]
样本量	180	180	180

中国对外直接投资的经济效应

第五节 本章小结

本章基于 Bodman 和 Le（2013）的国际技术溢出理论框架，借鉴并扩展了 Potterie 和 Lichtenberg（2001）的研发溢出测算模型，引入了对外投资二元边际概念，并利用中国技术获取型 ODI 的 23 个目的国数据首次测算了中国对外直接投资渠道下集约边际和扩展边际获得的国外研发资本量。同时，在现有文献研究的基础上，尝试鉴别了投资两个边际的逆向技术溢出机理，并运用 2007~2014 年中国 30 个省域的平衡面板数据在实证上予以检验。研究结论如下：

首先，从整体上看，中国对外直接投资具有积极的逆向技术溢出效应，并且往期 ODI 和新增 ODI 获得的国外研发资本均对中国的技术创新能力有提升作用。进一步地，将新增 ODI 的溢出效应分解为投资集约边际的溢出效应和投资扩展边际的溢出效应后发现，扩展边际的投资扩张对中国技术创新有促进作用，但集约边际的扩张模式促进作用不明显。扩展边际能给跨国公司带来更多东道国的技术信息，同时通过跨国并购能为国内带来较多的技术成果；而集约边际由于是对已有海外子公司追加投资，对跨国公司技术创新的边际贡献较低。

其次，通过对外直接投资获得的国外研发资本同时有助于提升中国技术创新效率，但这种提升作用主要来自于往期投资。新增投资中虽然扩展边际的扩张模式提高了中国技术的投入产出效率，但集约边际的扩张模式却起到了反向作用，因而整体上新增投资对中国技术创新效率的影响甚微。

再次，国内研发资本存量与中国技术创新能力和技术创新效率均呈正相关关系，加大国内研发投入将有助于推动中国技术创新、提高技术创新效率，并且，这种推动促进作用显著大于对外直接投资的作用，可见本国的研发投入是中国技术进步的主要推动力。

最后，对外直接投资、引进外资和进口三种国际技术溢出渠道中，引进外资对中国技术创新能力的提升作用最大，对外直接投资次之，进口不存在明显的技术外溢效应。外商直接投资直接给中国带来了先进技术，因而对中国技术创新能力的促进作用最大；而进口一方面提供了先进产品供国内企业模仿学习，促进国内技术进步，另一方面又通过填充国内空白市场削弱了国内企业创新动力，因而总体上没有表现出显著的影响作用。

第五章 中国对外直接投资的出口效应

第一节 导言

对外直接投资和出口是一国进入国际市场的两种重要方式,中国多年来的强劲出口动力将中国制造输向全球大部分国家。然而,自 2008 年全球金融危机以来,由于全球经济不景气加之中国人口红利带来的廉价劳动力优势逐渐减弱,出口动力略显不足。与之相反,金融危机后中国对外直接投资迅猛发展,特别是"一带一路"倡议提出以后更是在全球投资市场占据极为重要的地位。近年来中国对外直接投资与出口虽然均实现了较大增长,但是增长轨迹却不太一致,究竟对外直接投资是促进了还是替代了中国出口,学术界仍存在较大争议。

从现有文献来看,关于对外直接投资与出口的关系,早期的学者主要从理论层面进行探索,近期的学者多认为 ODI 的出口效应是一个实证问题。但是,不管是理论研究还是实证研究均未形成统一的结论。一些学者认为,一国对外直接投资与母国出口存在互补关系(Lipsey and Weiss, 1981, 1984; Wong and Goh, 2013; Nishitateno, 2013; Chen and Tang, 2014; 蒋冠宏和蒋殿春, 2014a; 顾雪松等, 2016)。ODI 能增强母国与东道国的贸易联系,提高母公司品牌的知名度,带动国内中间品、机械设备的出口,并且还能通过逆向技术溢出提高母公司的生产率从而促进出口。也有一些学者持相反的观点,认为一国的对外投资会对本国出口形成替代（Adler and Stevens, 1974; Amiti and Wakelin, 2003; Daniels and Ruhr, 2014）。他们强调,一国对外投资的目的在于规避高关税或者其他贸易壁垒,跨国公司的海外子公司往往生产与母公司同质的产品,因而会挤占国内母公司的市场份额。还有少数学者认为一国对外直接投资对出口并没有显著影响（Seo and Suh, 2006; Chiappini, 2016; 林志帆, 2016）。此外,不同资本来源国、不同行业、不同动机的 ODI 对出口的影响不同（Liu et al., 2016; Wong and Goh, 2013; 王胜等, 2014）,同一资本来源国对不同东道国的投资的出口效应也有所差异（Kang, 2012; 柴庆春和胡添雨, 2012）。

由于中国对外直接投资在近十年才开始快速增长,且从 2003 年中国商务部才对外发布年度对外直接投资详细统计数据,国内外学者对中国对外直接投资出口效应的研究起步较晚。一般认为,中国对外直接投资促进了中国出口（项本武, 2009; 陈立敏等, 2010; 张春萍, 2012; Chen and Tang, 2014; 蒋冠宏和蒋殿春, 2014a; 顾雪松等, 2016）,抑或是对出口并没有显著影响（柴庆春和胡添雨, 2012; 王杰等, 2016; 林志帆, 2016）。然而,至今仍未有学者从二元边际的角度探索和分析。事实上,中国对外直接投资的集约边际和扩展边际对中国出口的影响机制可能是迥然各异的。对于投资的集约边际,跨国公司将多余资金投放于在位境外子公司对增强与东道国的贸易联系、提高产品知名度、获取东道国先进技术等方面,作用甚小,因而对母公司出口的促进力度有限。由于原有境外子公司运行已经相对稳定,对其追加投资后便能迅速扩大生产,对母公司产品出口的替代明显。相反,对于投资的扩展边际,若把资金用于新建海外投资分支或子公司,不仅能建立新的投资关系、开拓新的市场,同时由于新子公司建立初期生产规模不大故而不会对母公司的产品产生太大替代作用,因此投资的扩展边际对出口的促进作用更大。

鉴于此,在本章中,我们将基于二元边际的视角重新审视中国对外直接投资的出口效应。具体而言，本章主要致力于以下三个方面的内容：第一，在回顾相关文献的基础上阐释中国对外直接投资集约边际和扩展边际分别作用本国出口的传导机制。第二，构建计量模型实证检验中国 ODI 二元边际对出口的影响，是均为互补还是均为替代，抑或是两个边际的出口效应完全相反。第三，讨论出口产品类型、东道国收入水平、投资动机的异质性对中国 ODI 二元边际出口效应的影响。

第二节　传导机制

本节基于以往学者的研究，就中国对外直接投资二元边际对出口的影响机制进行鉴别和阐述，以期为后续的实证分析提供理论基础。

一、替代效应

生产同质产品。对对外直接投资的出口效应持替代观点的学者基本上是从生产同质产品的角度给予解释的。他们认为跨国公司在位境外子公司多是以母公司较为成熟的产品的生产为主（Braunerhjelm et al.，2005），不仅会替代母公司对东道国的出口，而且还可能对东道国周边国家的出口形成替代。然而，跨国公司在海外新建子公司一般需要一定的筹备期，新建立的子公司在短期之内也很难进行规模生产，因此从生产同质产品的角度来看，扩展边际对母公司的出口替代性较小。而且，海外分支机构或子公司建立初期往往需要从母国进口机械设备等相关生产资料，这会进一步削弱扩展边际对母公司出口的不利影响。相反，若是对已有的海外生产分支机构追加投资，由于各生产链已经可以成熟稳定运作，此时的投入将会迅速转化为产出，因而集约边际通过生产同质产品会对母公司的出口产生更为明显的抑制作用。

二、促进效应

不同于替代效应,一国对外直接投资可以从多条途径促进母国的出口。学者们主要从品牌效应、中间产品出口、逆向技术溢出和生产设备与技术出口等多个角度对 ODI 的出口创造效应进行解释。

(1) 品牌效应。Lipsey 和 Weiss(1981,1984)认为,海外子公司在东道国的生产和销售行为能提高母公司的品牌知名度,从而增加母公司其他产品在东道国的销量。对外投资企业在进行扩展边际的投资扩张时,由于进入了全新的市场,母公司产品的品牌效应会更加明显。而若是对在位境外子公司进行追加投资,由于这些公司在东道国存续已久,具备了一定的品牌知名度,因此对外直接投资集约边际通过品牌效应促进母公司出口的力度不大。

(2) 中间产品出口。对于垂直型对外直接投资,海外子公司在东道国的生产往往需要母公司提供零部件等特有的中间品,这会促进母公司中间品的出口(Bergsten et al., 1978)。并且,子公司成立的年限越短,需要从母公司进口的生产资料就越多,对母公司出口的促进作用就越强(Lim and Moon, 2001),因此垂直型对外直接投资在扩展边际上的扩张更加有利于母公司中间品的出口。而集约边际的对外扩张模式由于投资的对象是已有在位境外企业,该子公司很有可能已经在东道国找到可以部分或完全替代母公司中间品的生产材料,因而对母公司中间品出口的创造效应会有所减弱。

(3) 逆向技术溢出。Herzer(2010)认为,战略资产寻求型 ODI 能有效促进母公司的出口。战略资产寻求型跨国公司进行海外投资的目的在于学习东道国先进的技术。它们通过海外子公司吸引东道国高技术人才等方式获取东道国战略资产,再经由企业内部将东道国的先进技术传输至母公司,从而提高母公司生产率和产品竞争力进而促进其产品出口。对于投资的扩展边际,跨国公司通过绿地投资或跨国并购在海外设立新的投资分支或子公司时,由于是初次投资,对东道国的技术了解不多,学习空间大,因而新建子公司能快速掌握吸收东道国的先进技术。而对于投资的集约边际，由于以往投资已经对东道国的知识技术进行了全面充分的学习，向已有在位境外子公司追加投资所能获得的边际知识溢出极为有限。因此，战略资产寻求型的对外直接投资通过扩展边际的投资扩张方式对母公司的出口创造效应大，但通过集约边际的扩张方式对出口不具有明显的促进作用。

（4）生产设备与技术出口。张春萍（2012）认为，中国的资源寻求型跨国公司投资的东道国多是发展水平较低的国家，为更高效开采自然资源，一般会从母国进口相应的设备以更好地利用母国先进技术，从而有利于母国机械设备和开采技术的出口。事实上，不仅是资源寻求型 ODI，其他类型对外直接投资也会促进母生产设备与技术的出口，特别是海外子公司建立初期，更需要母公司的设备与技术支持。因而，对外直接投资扩展边际对母国生产设备与技术出口的促进作用更为明显，而集约边际的促进作用则较为有限。

三、总结

综上所述，对外直接投资二元边际对母国出口均存在替代和促进作用，但是扩展边际的替代作用较弱而促进作用更为明显，而集约边际对母国出口的作用则表现出更强的替代性。具体传导机制如图 5-1 所示。

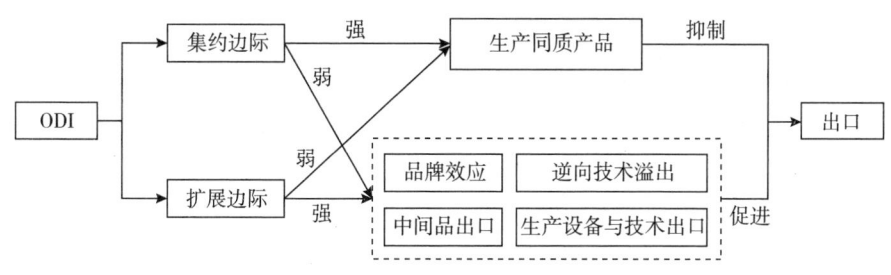

图 5-1　ODI 二元边际出口效应作用机理

第三节 实证研究设计

一、变量选取与测量

(一) 主要变量

出口：被解释变量，借鉴顾雪松等（2016）、林志帆（2016）的研究，用中国对各个东道国的出口总额反映出口状况，记为 Export。

对外直接投资的集约边际：核心解释变量，按照第三章式（3-1）计算得到，记为 Intmg。

对外直接投资的扩展边际：核心解释变量，按照第三章式（3-2）计算得到，记为 Extmg。

(二) 控制变量

为了控制出口的其他影响因素，设置如下控制变量：

（1）市场规模：反映了东道国的市场需求（Liu et al., 2016; 顾雪松等，2016）。东道国的市场规模越大，对进口产品的需求也越大，越有利于中国对该国的出口。这里采用 GDP 作为市场规模的代理变量（Filippini and Molini, 2003; Cuyvers et al., 2011）。

（2）人口规模：反映了东道国的吸收能力（Ekanayake et al., 2010）。东道国人口基数大意味着对贸易品具有更大的吸收潜力（Goh et al., 2013）。这里通过人口总数反映东道国的人口规模，记为 Pop。

（3）贸易开放度：反映了贸易的成本。东道国贸易开放程度越高，中国向该国出口商品所面临的贸易壁垒就越小（顾雪松等，2016）。在其他条件不变的情况下，贸易成本自然下降，因而有利于促进中国对该国的出口。这里采用进出口商品总额占 GDP 比重衡量东道国贸易开放度，记为 Trade。

（4）汇率变动率：反映了出口产品的相对价格（Kang，2012；Nishitateno，2013）。若人民币对东道国货币升值，那么东道国对来自中国的进口商品实际购买力下降，不利于中国对该国的出口。这里采用人民币对东道国汇率的变动率测算汇率变动情况，记为 Exch。

（5）地理距离：反映了运输的成本（Goh et al.，2013；Nishitateno，2013）。两国的地理距离越远，运输成本越高，不利于出口。地理距离根据 Head 和 Mayer（2002）提出的公式进行测算，记为 Dist。该公式以两国主要人口或经济集聚城市的人口占比作为权重计算双边距离，具体如下：

$$Dist_{ij} = \left(\sum_{k \in i} (pop_k/pop_i) \sum_{l \in j} (pop_l/pop_j) d_{kl}^{\theta} \right)^{1/\theta}$$

其中，i 和 j 代表两国，k 和 l 表示两国主要人口或经济集聚的城市，pop 表示人口总数，d_{kl} 表示 k 和 l 两个城市的地理距离，θ 表示贸易的距离弹性，这里取 1。

（6）与中国签署自由贸易协定情况：反映了贸易的成本（Chiappini，2016）。FTA 的签订有利于消除两国之间的贸易壁垒，降低贸易成本。所以与东道国签订 FTA 有利于促进中国向该国的出口。为此，设置虚拟变量 FTA，若东道国与中国签署了自由贸易协定，则取值为 1，否则取值为 0。

二、计量模型与估计方法

（一）动态计量模型的建立

在上述变量定义的基础上构建如下计量模型检验中国 ODI 二元边际的出口效应。由于出口惯性的存在（顾雪松等，2016），在解释变量中引入 Export 的滞后项，具体设定如下：

$$Export_{i,t} = \beta_1 Export_{i,t-1} + \beta_2 Extmg_{i,t} + \beta_3 Intmg_{i,t} + \beta_4 GDP_{i,t} + \beta_5 Pop_{i,t} + \beta_6 Trade_{i,t} + \beta_7 Exch_{i,t} + \beta_8 Dist_{i,t} + \beta_9 FTA_{i,t} + \alpha + \mu_i + \lambda_t + \varepsilon_{i,t} \tag{5-1}$$

其中，i、t 分别表示中国投资的东道国和投资年份，β 为待估参数，α 为常数项，μ_i 为个体固定效应，λ_t 为时间固定效应，$\varepsilon_{i,t}$ 为随机扰动项。

(二) 内生性问题及估计方法

本章采用的变量中，人口规模、地理距离属于禀赋性因素，由自然地理或历史条件所决定，而是否与中国签订自由贸易协定更多取决于东道国政治因素，可以认为这些变量是外生的。贸易开放度反映的是东道国参与全球经济的态度，包括允许别国经济渗透本国经济的方式和程度，中国对该国出口对其影响甚微；汇率变动率则是由东道国货币在外汇市场的供需情况决定，因此可以认为这两个变量也不存在明显的内生性问题。这里的内生性可能来源于：第一，出口与 ODI 的双向因果关系。以往的研究表明，出口反过来也会对 ODI 产生影响 (Buckley et al.，2007；Li et al.，2015；Sarma，2016；张宏和王建，2009)。此外，模型还有可能因为遗漏一些不可观测或难以量化、能同时影响出口与 ODI 并使之具有高度相关性的因素，导致"同期性"内生性偏误的出现 (Nishitateno，2013；林志帆，2016)。据此，ODI 的两个边际可能存在内生性。第二，出口会通过影响东道国净出口进而影响东道国的 GDP，因而 GDP 也可能存在内生性问题。第三，解释变量中包含了被解释变量的一阶滞后项，与模型干扰项存在一定的相关性。

为了克服这些内生性偏误，本章采用广义矩估计法 (GMM) 作为上述动态面板模型的估计方法，以确保模型参数估计的无偏性。GMM 估计法具有以下优点：第一，允许随机误差项存在异方差和序列相关。第二，可以同时处理由于模型解释变量中引入被解释变量滞后项所引起的内生性问题以及其他具有潜在内生性的变量。第三，寻找合适的工具变量通常比较困难，GMM 估计直接采用内生变量滞后项作为工具变量，便捷有效。具体地，我们采用 Arellano 和 Bover (1995)、Blundell 和 Bond (1998) 建议的系统 GMM 而非差分 GMM 对模型参数进行估计。系统 GMM 将差分 GMM 和水平 GMM 结合在一起，通过一阶差分去除个体效应 μ_i，然后将 $Export_{i,t-1}$、$Extmg_{it}$、$Intmg_{it}$ 和 GDP_{it} 四个内生变量的水平值的两阶及以上滞后项作为差分变量的工具变量、差分变量的一阶滞后项作为水平值的工具变量，最后将差分方程与水平方程作为一个方程系统进行 GMM 估计。相比差分 GMM，系统 GMM 可用的工具变量进一步增加，能在一定程度上克服一阶差分广义矩估计量的弱工具变量问题，提高估计的效率。此外，系统 GMM 还能估计不随时间改变的变量，因此可以对影响贸易的各国异质性（如上述模型中的变量 Dist 和 FTA）进行充分控制。需要说明的是，这里使用的是两阶段系统 GMM（Two-step System GMM），即利用第一阶段估计得到的残差构造方差—协方差矩阵，进而重新估计模型。对得到的结果，需要进行两方面检验：第一，通过过度识别（Over Identification）检验判定工具变量的合理性。该检验的原假设是所有工具变量都是外生的，即工具变量与干扰项不相关，此时 Sargan 统计量服从自由度为约束个数的卡方分布。第二，通过 Arellano-Bond AR 检验判定模型干扰项的序列相关性。该检验的原假设是干扰项 $\{\varepsilon_{it}\}$ 不存在序列相关。一阶差分估计量要求原始模型的干扰项不存在序列相关，显然，差分后的干扰项必然存在一阶序列相关。为此，可以通过检验差分方程的残差是否存在一阶与二阶序列相关来检验原假设。

三、数据说明与描述统计

本章选取与中国有贸易和 ODI 往来的 184 个国家（地区）作为东道国样本。前文已经说明了商务部公布的对外投资数据存在统计口径不一致的问题，因此这里的研究区间仍取 2007~2015 年。由于投资二元边际测算的特殊性，实际有效样本跨度仅为 2008~2015 年。上述变量中 Export 和 Trade 的基础数据来自联合国 UNCTAD 数据库，GDP、Pop 和 Exch 数据来自世界银行的 World Development Indicators（WDI）数据库，Dist 数据来自 CEPII 数据库，FTA 数据来自商务部网站。

为了降低异方差问题，提高数据平稳性，对除 Exch 和 FTA 外的变量进行对数化处理。鉴于投资数据 Extmg 和 Intmg 存在零值和负值，参考 Busse 和 Hefeker（2007）的做法，采用以下公式对其进行对数化转换，避免直接删除这部分样本产生估计偏误。

$$variable^* = \ln\left(variable + \sqrt{variable^2 + 1}\right)$$

表 5-1 报告了变量对数化处理后的描述性统计结果。从表 5-1 中可以发现，汇率变动 Exch 的最大值和最小值相差甚大，这可能是变量存在异常值的信号，因此在后文的实证检验中我们对该变量进行 1%分位和 99%分位的 Winsorize 缩尾处理，以减轻异常值对回归估计造成的干扰。

表 5-1 变量统计特征

变量	观测值	均值	标准差	最小值	中位数	最大值
Export	1467	13.934	2.3264	6.7689	14.0625	19.8336
Extmg	1357	4.6444	6.7274	-13.4794	7.6316	16.8694
Intmg	1316	3.6261	7.9636	-15.5421	7.3212	16.8187
GDP	1391	24.3053	2.2981	18.6607	24.2132	30.5184
Pop	1452	15.639	2.0627	9.9148	15.9042	20.9941
Trade	1378	4.1229	0.5120	2.4544	4.1065	6.0389
Exch	1220	0.1647	3.4196	-0.1421	0.0432	119.4585
Dist	1432	8.9923	0.5371	7.0246	9.0412	9.8580
FTA	1480	0.1243	0.3301	0.0000	0.0000	1.0000

第四节 实证结果分析

在回归分析之前，先进行变量的多重共线性检验，检验结果如表 5-2 所示。相关系数矩阵中除了 GDP 和 Pop 的相关系数达到 0.7 外，其他解释变量之间的相关系数绝对值均在 0.5 以下。进一步地，根据方差膨胀因子检验结果可知，VIF 值都在 1~3 的范围内，远小于 5 的临界值。由此判定解释变量之间不存在严重的多重共线性问题。

表 5-2　多重共线性检验

相关系数检验								
	Extmg	*Intmg*	*GDP*	*Pop*	*Trade*	*Exch*	*Dist*	*FTA*
Extmg	1							
Intmg	-0.1725	1						
GDP	0.2645	0.2160	1					
Pop	0.2367	0.1930	0.7511	1				
Trade	-0.0074	-0.0499	-0.1319	-0.2930	1			
Exch	0.0309	0.0295	0.0090	0.0342	-0.0568	1		
Dist	-0.1869	-0.1031	-0.2262	-0.2226	-0.2504	-0.0572	1	
FTA	0.2133	0.0666	0.2626	0.2090	0.1321	0.0687	-0.4593	1
方差膨胀因子检验								
VIF	1.1905	1.1309	2.4652	2.6151	1.2634	1.0132	1.4260	1.3358

一、基本回归结果

本节首先通过 Davidson 和 MacKinnon（1993）提出的方法从数据上对变量 *Extmg*、*Intmg* 和 *GDP* 的内生性做具体检定，检验的原假设是 *Extmg*、*Intmg* 和 *GDP* 与干扰项均不相关。用 STATA 13.0 计算得到的 Davidson-MacKinnon 检验统计量值为 2.6248，对应的 P 值为 0.0497（<5%），拒绝原假设，说明三个变量 *Extmg*、*Intmg* 和 *GDP* 确实存在内生性。此时采用传统普通最小二乘回归（OLS）方法得到的参数估计值可能是有偏的。可见前文选用对内生性变量有进行特殊处理的广义矩估计法是合理且必要的。

表 5-3 汇报了全样本的回归结果。前三列均是采用系统 GMM 的参数估计方法，作为对比，最后一列列示了 OLS 回归的估计结果。列（1）是在不加入其他控制变量的情况下，仅考虑对外直接投资的扩展边际（*Extmg*）和集约边际（*Intmg*）与出口之间关系的回归结果。结果虽然显示 *Extmg* 与 *Intmg* 的系数分别在 1% 和 5% 的水平下显著为正，但 Sargan 检验拒绝了"所有工具变量

均有效"的原假设,因此这一结果并不具有可信度。列(2)是控制了影响出口的其他因素后的回归结果,此时 Extmg 的系数符号保持不变、数值下降,Intmg 的系数则由正值转为负值,过度识别检验中 Sargan 统计量的显著性有了明显的下降,说明结论具有一定说服力。列(3)除了加入出口的其他影响因素外,还加入了时间虚拟变量以控制经济周期性波动的影响。Sargan 统计量对应的 P 值远大于 0.1,说明该模型采用的工具变量是合理的,不存在过度识别问题。Arellano-Bond AR 检验表明残差的差分存在一阶序列相关,但不存在二阶序列相关,说明原模型的误差项不存在序列相关性,符合系统 GMM 的使用条件。模型联合显著性检验 Wald 统计量值大于 10,说明整体系数显著,结论可信。可见,列(3)的结果更具说服力,以下采用该结果做具体分析。

表 5-3 基本回归结果

	SYS-GMM			OLS
	(1)	(2)	(3)	(4)
L. Export	0.9532***	0.7120***	0.7065***	0.9398***
	(0.0055)	(0.0128)	(0.0169)	(0.0129)
Extmg	0.0153***	0.0061***	0.0080***	0.0039**
	(0.0013)	(0.0009)	(0.0010)	(0.0018)
Intmg	0.0048**	-0.0034***	-0.0035***	-0.0022**
	(0.0022)	(0.0010)	(0.0007)	(0.0011)
GDP		0.2350***	0.1868***	0.0258**
		(0.0140)	(0.0170)	(0.0114)
Pop		0.0614***	0.1244***	0.0284**
		(0.0132)	(0.0127)	(0.0111)
Trade		0.3854***	0.2422***	0.0242
		(0.0275)	(0.0314)	(0.0252)
Exch		-0.7610***	-0.3391***	-0.5599***
		(0.0202)	(0.0319)	(0.1619)
Dist		-0.0344	-0.0797***	-0.0135
		(0.0527)	(0.0301)	(0.0174)

续表

	SYS-GMM			OLS
	(1)	(2)	(3)	(4)
FTA		0.4767*** (0.0871)	0.2532*** (0.0585)	0.0584*** (0.0191)
Constant	0.6674*** (0.0746)	-3.8838*** (0.4640)	-2.5804*** (0.3305)	-0.1647 (0.3279)
时间效应	不控制	不控制	控制	控制
Wald/F 统计量	3.95e+04*** [0.0000]	4.63e+04*** [0.0000]	6.40e+04*** [0.0000]	3.66e+03*** [0.0000]
Arellano-Bond AR(1)	-3.4884*** [0.0005]	-3.6138*** [0.0003]	-3.6843*** [0.0002]	—
Arellano-Bond AR(2)	-0.5304 [0.5958]	0.1609 [0.8722]	0.2231 [0.8235]	—
Sargan 统计量	134.4340*** [0.0001]	126.2758* [0.0519]	102.4475 [0.4689]	—
样本量	1173	909	909	909

注：***、**、*分别表示1%、5%、10%的显著性水平；（ ）内数值为回归系数标准误，[ ]内数值为相应检验统计量的P值。下表同。

第一，Extmg 的系数在1%的显著性水平下显著为正，说明对外直接投资对出口的创造效应主要体现在扩展边际上。一方面，不断建立海外投资分支机构能持续扩大中国产品在东道国的影响力，进而提高相应母公司产品在东道国的销量。另一方面，新建立海外子公司时，母公司除了需要派遣管理和技术人员到东道国组成初创团队，往往还需要从国内输送机械设备等生产资料，这会促进中国技术和机械设备等的出口。再者，不断新建海外子公司，招募世界各地的人才、吸收各国先进技术，对母公司的技术水平会有较大改进作用，使得母公司能生产更为优质的产品，通过提高母公司产品的竞争力从而间接提高母公司对各国的出口。因此，对外投资的扩展边际对出口具有互补作用。

第二，Intmg 的系数在1%的显著性水平下显著为负，说明对外直接投资的集约边际会对出口形成替代。对已有在位境外子公司追加投资,由于子公司的运作已经较为成熟,所投入资金会迅速转化为最终产品,进一步挤占母公司在东道国的市场份额。对于部分需要从母公司进口中间产品的子公司,集约边际的投资扩张或许会促进母国中间品的出口,但是总体而言,这种创造效应小于替代效应。因此,对外投资的集约边际对出口表现出替代作用。

以上两点充分说明了对外直接投资的两个边际对出口的影响机理是存在巨大差异的。投资的扩展边际对中国出口的促进作用占优,而集约边际对出口的抑制作用更强。前文通过对文献的梳理发现,同样都是以中国为研究背景,但关于中国对外直接投资出口效应的研究结论却并不一致,持正向观点与持无显著影响观点同时存在。通过二元边际的分析框架,本章很好地解释了这两种观点并存的现象。

从其他变量来看,被解释变量的一阶滞后项 $L. Export$ 的系数通过了显著性检验,说明采用动态面板模型的必要性。模型所有控制变量的系数均在1%的水平下显著,变量 GDP、Pop、$Trade$ 和 FTA 系数为正,$Exch$ 和 $Dist$ 系数为负,均符合预期。说明东道国的市场和人口规模越大、贸易开放程度越高、积极同中国签署自由贸易协定,那么对中国出口的促进效应越大;人民币相对东道国货币贬值、东道国在地理上与中国的距离越近,同样有利于中国对该国的出口。

作为对照,列(4)给出了普通 OLS 的回归结果,核心解释变量 $Extmg$ 和 $Intmg$ 的系数均在5%的水平下显著,且符号与列(3)结果完全一致,进一步说明了结论的稳健性。但是,从系数大小来看,OLS 估计倾向于低估对外投资的扩展边际和集约边际对出口的作用效果。

二、稳健性检验

(一)剔除中国港澳地区和"避税天堂"国家

中国部分对外直接投资企业将中国香港、中国澳门以及开曼群岛、英属维尔京群岛等传统"避税天堂"作为跳板,在这些国家或地区取得外商投资身份后又返回中国大陆投资(蒋冠宏和蒋殿春,2014a),或通过其平台公司向世界其他国家进行再投资。这些企业投资的动机与向其他国家(地区)投资的动机具有很大差别(宗芳宇等,2012)。目前关于中国ODI的文献很多将"避税天堂"国家在研究中予以剔除(何本芳和张祥,2009;张宏和王建,2009;胡兵和邓富华,2014;吴亮和吕鸿江,2015),中国香港和中国澳门也由于与中国大陆具有特殊的政治关系而较少纳入分析(潘镇和金中坤,2015)。鉴于这些国家或地区的特殊性,这里对这部分样本进行删除后重新估计模型参数以检验前文结论的稳健性,结果如表5-4列(1)所示。显然,对外投资的扩展边际 $Extmg$ 与集约边际 $Intmg$ 的系数符号与显著性均与前文无本质区别,由此说明本章的主要结论是可靠的。

表5-4 稳健性检验结果

	SYS-GMM				IV-2SLS
	(1)	(2)	(3)	(4)	(5)
$L.Export$	0.6447*** (0.0182)	0.6965*** (0.0213)	0.6290*** (0.0273)	0.7120*** (0.0171)	0.9385*** (0.0135)
$Extmg$	0.0051*** (0.0011)	0.0083*** (0.0010)	0.0192*** (0.0020)	0.0096*** (0.0011)	0.0077** (0.0031)
$Intmg$	-0.0047*** (0.0008)	-0.0057*** (0.0008)	-0.0024*** (0.0005)	-0.0035*** (0.0008)	-0.0078*** (0.0026)
$Ifdi$			0.0002 (0.0041)		
$Border$				0.2281*** (0.0863)	
控制变量	控制	控制	控制	控制	控制
时间效应	控制	控制	控制	控制	控制
Wald统计量	6.50e+04*** [0.0000]	5.88e+04*** [0.0000]	1.14e+04*** [0.0000]	7.28e+04*** [0.0000]	3.66e+04*** [0.0000]

续表

	SYS-GMM				IV-2SLS
	(1)	(2)	(3)	(4)	(5)
Arellano-Bond AR(1)	-3.4122*** [0.0006]	-4.6915*** [0.0000]	-3.1065*** [0.0019]	-3.7114*** [0.0002]	—
Arellano-Bond AR(2)	0.3768 [0.7063]	-1.1788 [0.2385]	0.5759 [0.5647]	0.2721 [0.7855]	—
Sargan 统计量	106.1893 [0.3685]	91.5729 [0.7610]	77.1992 [0.3768]	96.6011 [0.6323]	8.1500 [0.2273]
Anderson LM 统计量	—	—	—	—	17.0411** [0.0171]
Cragg-Donald Wald F 统计量	—	—	—	—	1.8892 [>0.30]
样本量	890	909	521	930	554

注：由于存在不随时间改变的虚拟变量 FTA，因此列（5）采用的是个体随机效应模型。Anderson LM 统计量用于不可识别检验，原假设为工具变量与内生变量不相关。Cragg-Donald Wald F 统计量用于弱工具变量检验，原假设为工具变量与内生变量具有较强相关性，由于 STATA 13.0 只给出了该检验对应 5%、10%、20% 和 30% 显著性水平的临界值，因此这里未报告 Cragg-Donald Wald F 统计量对应的 P 值的具体数值。

（二）考虑数据极端值的影响

样本中如果存在少数样本点，其观测值与大多数样本点的观测值相差较大，那么极有可能对模型参数估计产生很大影响，导致回归系数被高估或低估。虽然表 5-1 中汇报的各变量的最大值、最小值与均值相差不大，但为了增强结论的可靠性，这里仍对所有变量进行 1% 分位和 99% 分位的 Winsorize 缩尾处理以剔除潜在极端值对回归估计的影响。结果如表 5-4 列（2）所示，变量 Extmg 和 Intmg 的系数在 1% 的水平下显著，符号与预期相符，所得结果同样支持了前文的结论。

(三) 增加和更换控制变量

已有研究表明，外商直接投资是出口增加的动力 (Blomström, 1991; Liu, 2002)。自中国实施"引进来"战略，大量外资进驻中国，不仅带来了资本，也带来了先进的技术与管理经验，以及完善的国际营销网络，极大地促进了中国的出口 (杨全发和陈平, 2005)。而外资的开放同时也是推动中国"走出去"的重要因素 (张宏和王建, 2009; 宗芳宇等, 2012; 周海川, 2014)，遗漏这一变量可能引发内生性偏误。鉴于此，我们在前文模型 (5-1) 的基础上加入外商直接投资变量控制外资因素，以外商直接投资实际发生额度量，记作 $Ifdi$，数据来源于 EPS 数据库，所得到的回归结果如表 5-4 列 (3) 所示。结果显示：外商直接投资变量没有通过显著性检验，说明原模型的设定是有效的，并且在控制了这一因素的影响后，得到的结果与基础回归结果一致，足见本章主要结论的稳健性。

顾雪松等 (2016) 认为，对于大国来说，将两国政治或经济中心的空间距离作为地理距离的代理变量是不合适的。他们列举了中国与俄罗斯的例子，认为虽然中国与俄罗斯政治中心相距遥远，但两国边境仍存在大量的商品贸易。他们于是直接采用东道国是否与中国接壤这一虚拟变量（记作 $Border$）来控制地理因素对出口的影响。Bojnec 和 Ferto (2014)、林志帆 (2016) 的实证研究中也采用了该变量。受此启发，我们将模型 (5-1) 中的变量 $Dist$ 替换成 $Border$ 进行检验，结果列于表 5-4 列 (4)。我们发现，变量 $Border$ 显著为正，说明在地理上与中国相邻有利于促进中国对该国的出口；投资扩展边际 $Extmg$ 的估计系数仍显著为正、集约边际 $Intmg$ 的系数也显著为负，结论没有改变。

(四) 变换估计方法

为了进一步考察本章主要结论的稳健性，我们采用面板工具变量两阶段最小二乘法 (IV-2SLS) 替代原来的系统广义矩估计法重新对模型 (5-1) 的参数进行估计。有效的工具变量需满足相关性与排他性两个条件，前者要求工具变量与内生变量存在相关性，后者要求工具变量与模型干扰项无关。基于这样的考虑，这里选取东道国自然资源蕴藏量（Res）、战略资产拥有量（Sa）以及银行信贷情况（Cred）作为内生变量 Extmg、Intmg 和 GDP 的工具变量。选取的理由是：第一，相关性要求。中国的对外直接投资具有自然资源寻求动机（Buckley et al., 2007；Kolstad and Wiig, 2012；王永钦等, 2014）和战略资产寻求动机（Deng, 2003；张宏和王建, 2009；蒋冠宏和蒋殿春, 2012），东道国丰富的自然资源与雄厚的战略资产会对 ODI 产生吸引，促进中国两个边际的投资扩张。自然资源和战略资产同时又是一国生产要素的重要组成部分，对 GDP 的创造起着举足轻重的作用。因此，Res、Sa 这两个变量与模型内生变量具有相关性。东道国的银行信贷情况同样会对中国投资的扩展边际和集约边际产生影响。中国的跨国公司很多由于有政府的支持，融资成本较低（Voss et al., 2010），而东道国银行信贷规模越大，中国企业的资金优势越不明显，这会降低它们到该国投资的可能性，投资的扩展边际受到抑制。但是，银行信贷的放宽却有利于中国已有境外子公司在当地融资从而推动公司规模的扩大、促进投资的集约边际。银行信贷对一国的 GDP 也有着较大影响。银行信贷政策或收紧或放宽都会影响到本国投资，而投资是构成 GDP 至关重要的部分。因此，变量 Cred 满足工具变量的相关性要求。第二，排他性约束。东道国自然资源的丰裕程度属于外生的禀赋性因素，由自然地理和历史条件所决定，与干扰项无关（顾雪松等, 2016）。东道国战略资产的拥有量以及银行信贷情况不是一个出口企业做出决策的重要参考因素，所以很可能不会直接影响中国的出口，故满足外生性。此外，我们还将投资扩展边际、集约边际和 GDP 三个变量的一阶和二阶滞后项作为补充性工具变量，用以增强工具变量的整体有效性。

　　三个主要工具变量的度量方式和数据来源如下：自然资源蕴藏量用东道国的燃料、矿石和金属出口总额度量，银行信贷情况用东道国银行部门提供的国内信贷总额度量①，数据均来自世界银行 WDI 数据库。为提高数据平稳性，对

---

① 这里同时采用自然资源和银行信贷的相对量（即占 GDP 比重）进行稳健性检验，回归结果与采用绝对量所得到的结果完全一致。

这两个变量进行对数化处理。战略资产拥有量采用《全球竞争力报告》中的技术就绪水平（Technological Readiness）、高等教育与培训（Higher Education and Training）和创新能力（Innovation）三个指标的平均值计算得到；每个指标的赋值区间为1~7，指标值越大表示该国对应的技术水平、人力资本和创新水平越高。

检验的结果如表5-4列（5）所示。Anderson LM 统计量在1%的水平下显著，说明选用的工具变量与内生变量存在相关性。Cragg-Donald Wald F 统计量接受了"工具变量与内生变量具有较强相关性"的原假设，说明模型不存在弱工具变量问题。Sargan 检验表明工具变量与模型残差项不相关，排他性要求得到满足。在此基础上，我们对回归结果进行分析，显然，核心解释变量 $Extmg$ 和 $Intmg$ 的估计系数符号和显著性与基础回归结果没有本质差别，再次证实了本章的结论。

三、进一步讨论

在这一小节中，我们进一步考察中国对外直接投资的两个边际对技术含量不同、最终用途不同的产品出口的异质性影响以及在不同收入水平国家的投资的出口效应差异。此外，对中国不同寻求型 ODI 的出口创造或替代效应进行深入分析。

（一）不同出口产品类型检验

根据贸易产品的技术含量，基于 Lall 分类法将中国出口的产品划分为非技术型出口产品和技术型出口产品。① 表5-5 前两列给出了相应的估计结果。变量 $Extmg$ 的系数在列（1）中不显著，在列（2）中显著为正，说明中国对外直接投资的扩展边际对中国技术型产品的出口具有显著的促进作用，但并不影

---

① Lall 分类法将贸易产品分成五大类：初级产品、资源型制成品、低技术制成品、中等技术制成品和高技术制成品。这里将初级产品和资源型制成品合并成非技术型产品，低技术制成品、中等技术制成品和高技术制成品合并成技术型产品。

响非技术型产品的出口。可能的原因有两个：一是对外直接投资的扩展边际能通过逆向技术溢出提升国内母公司的技术水平，从而增加技术型产品的出口；二是技术型产品一般具有一定的异质性，企业建立海外分支时为使子公司更快更稳运作，会从国内出口部分符合企业产品生产需要的技术型生产资料，而非技术类产品一般可以在东道国找到同类产品或替代品，出于成本的考虑往往会直接从东道国获取。变量 $Intmg$ 的系数在两列中均显著为负，说明不管是技术型产品还是非技术型产品的出口，集约边际的投资扩张均会产生替代的作用。实际上，随着子公司持续独立运作，它对母公司的依赖性减弱，此时追加投资以扩大生产时，无须太多母公司技术型产品的支持，集约边际的替代效应仍占据主导地位。

表 5-5　出口商品类型检验

	（1）非技术型产品	（2）技术型产品	（3）消费品	（4）中间品	（5）资本品
$L.Export$	0.6687*** (0.0123)	0.6649*** (0.0157)	0.6326*** (0.0199)	0.6055*** (0.0167)	0.5701*** (0.0164)
$Extmg$	-0.0006 (0.0009)	0.0069*** (0.0010)	0.0014 (0.0013)	0.0102*** (0.0014)	0.0052*** (0.0015)
$Intmg$	-0.0015** (0.0006)	-0.0024*** (0.0007)	-0.0011 (0.0012)	0.0020** (0.0009)	-0.0058*** (0.0010)
控制变量	控制	控制	控制	控制	控制
时间效应	控制	控制	控制	控制	控制
Wald 统计量	9.85e+04*** [0.0000]	5.02e+04*** [0.0000]	1.05e+05*** [0.0000]	7.71e+04*** [0.0000]	1.91e+04*** [0.0000]
Arellano-Bond AR（1）	-3.9527*** [0.0001]	-3.5404*** [0.0004]	-3.5189*** [0.0004]	-2.9410*** [0.0033]	-3.9938*** [0.0001]
Arellano-Bond AR（2）	-1.4860 [0.1373]	0.7654 [0.4440]	0.2611 [0.7940]	-1.1890 [0.2344]	0.6824 [0.4950]
Sargan 统计量	110.4910 [0.2659]	97.2515 [0.6144]	109.8735 [0.2796]	106.3887 [0.3634]	110.5776 [0.2641]
样本量	907	909	905	905	905

根据贸易产品的最终用途,基于 BEC 分类法将中国出口的产品细分为消费品、中间品和资本品。根据以往的研究,对海外子公司进行垂直型投资时,无论是分支机构建立初期还是稳定运行后,均对国内中间品有持续需求,因此可以预期对外直接投资的扩展边际和集约边际均对中国零部件等中间品的出口有促进作用。另外,新建海外投资分支时往往需要从国内引入生产设备等资本品,对消费品则无相应的需求,因此预期对外投资的扩展边际能带动国内资本品的出口,而对消费品的出口无明显促进作用。对集约边际而言,只要子公司生产的最终产品与母公司是同质的,就会对母公司产品的出口形成替代,因而预期集约边际的对外投资扩张对国内消费品和资本品的出口均存在替代作用。具体检验结果如表 5-5 后三列所示。变量 *Extmg* 的系数在列(3)中不显著,在列(4)、列(5)中均显著为正,说明扩展边际的对外投资扩张确实有利于带动中国中间品和资本品的出口,但对消费品的出口没有显著促进作用,符合我们的预期。变量 *Intmg* 的系数在列(3)中不显著,在列(4)中显著为正,在列(5)中显著为负,说明中国对外投资的集约边际仅对中间品的出口具有创造效应,而对资本品的出口是替代效应,印证了我们的猜想,然而消费品出口的回归结果不显著,可能的原因是中国在海外消费品行业的投资量相对消费品的出口而言较小,因而未对国内的消费品出口产生显著影响。

(二) 特定东道国检验

东道国收入水平不同,中国直接投资的增长路径也都各异(陈培如等,2016)。是否在不同收入水平的国家,同一投资边际也会呈现差异化的出口效应?对此,本节参照世界银行的分类标准将东道国划分为低收入国家、中等收入国家①和高收入国家并进行检验,结果如表 5-6 前三列所示。变量 *Extmg* 的系数在列(1)、列(2)中均显著为正,在列(3)中显著为负,说明以扩展边际的扩张模式投资中低收入国家有利于促进中国的出口,但投资高收入国家反而会抑制出口。对此,我们的解释是:由于中低收入东道国技术、设备的限

---

① 这里将世界银行界定的中低收入国家和中高收入国家合并为中等收入国家。

制，中国企业初次投资时往往会进口本国的生产设备和技术；而高收入国家多为发达国家，生产设备较为先进，因而对中国生产设备和技术出口的带动作用不明显，甚至还会对母公司在中低收入国家的出口产生一定的替代作用。变量 $Intmg$ 的系数在列（1）、列（3）中均不显著，在列（2）中显著为负，说明以集约边际的扩张模式投资低收入和高收入国家对中国出口的作用不明显，而投资中等收入国家则会对出口形成替代。从现实情况来看，中国在低收入国家的投资多为资源寻求型，较少生产母公司的同质产品，因而对这些国家的投资项目追加投资不会对母公司和这些国家的出口形成明显的替代，而在高收入国家多投资于服务行业，因而对中国的出口也不存在明显替代性。

表 5-6 特定东道国检验

	（1）低收入国家	（2）中等收入国家	（3）高收入国家	（4）"一带一路"国家	（5）非"一带一路"国家
$L.Export$	0.8567 *** (0.0881)	0.6246 *** (0.0193)	0.8949 *** (0.0382)	0.7660 *** (0.0446)	0.7325 *** (0.0204)
$Extmg$	0.0313 *** (0.0090)	0.0062 *** (0.0015)	−0.0081 *** (0.0029)	0.0034 (0.0023)	0.0082 *** (0.0013)
$Intmg$	−0.0065 (0.0082)	−0.0022 *** (0.0008)	0.0002 (0.0013)	−0.0009 (0.0015)	−0.0075 *** (0.0009)
控制变量	控制	控制	控制	控制	控制
时间效应	控制	控制	控制	控制	控制
Wald 统计量	2.63e+03 *** [0.0000]	4.65e+06 *** [0.0000]	9.96e+04 *** [0.0000]	1.10e+05 *** [0.0000]	2.49e+05 *** [0.0000]
Arellano-Bond AR(1)	−1.4925 [0.1356]	−2.7681 *** [0.0056]	−2.5068 ** [0.0122]	−3.0988 *** [0.0019]	−3.0726 *** [0.0021]
Arellano-Bond AR(2)	−1.5366 [0.1244]	0.5614 [0.5745]	1.1872 [0.2351]	−0.7286 [0.4663]	0.4412 [0.6591]
Sargan 统计量	4.1423 [1.0000]	69.5478 [0.9942]	21.7296 [1.0000]	35.6435 [1.0000]	75.9635 [0.9749]
样本量	134	536	239	354	555

目前中国政府正加大力度推动"一带一路"建设和国际产能合作，那么对"一带一路"国家的投资会对中国向这些国家的出口产生怎样的影响？是出口的创造，还是出口的替代？不同投资扩张模式的出口效应是否存在明显差异？对此，进一步检验中国对"一带一路"国家投资的二元边际对出口的影响，检验结果如表5-6中列（4）所示。作为对照，将中国对非"一带一路"国家投资的出口效应结果也列示于表5-6列（5）中。结果表明，无论是扩展边际还是集约边际，中国在"一带一路"国家的投资均对出口没有显著影响。相反，在非"一带一路"国家的样本中，$Extmg$ 和 $Intmg$ 系数均在1%的水平下显著，且系数符号与基础回归结果（见表5-3）完全一致。这反映了这样一个事实：目前中国对"一带一路"国家的直接投资量比较小，未能对出口产生显著影响。

（三）特定投资动机检验

大量研究表明，中国的对外直接投资具有资源、市场和效率寻求动机（Buckley et al., 2007; Zhang and Daly, 2011; 蒋冠宏和蒋殿春，2012; 陈岩等，2014）。以往的研究多认为资源寻求型ODI能通过带动生产资料、技术的出口而促进母国的出口（张春萍，2012; 王胜等，2014），显然，扩展边际通过这个途径对母国出口的促进作用更大，而集约边际的带动作用甚微。因此预期资源寻求型的ODI会提升扩展边际的出口创造效应，而对集约边际的出口替代效应不会有抑制作用。蒋冠宏和蒋殿春（2014a）将市场寻求型ODI细分为商贸服务型和当地生产型，他们认为当地生产型子公司会抑制母公司的出口，而商贸服务型子公司则对母公司出口有促进作用。在区分投资二元边际后，这种或抑制或促进的作用主要体现在集约边际上，因此预期市场寻求型ODI对集约边际出口效应的影响取决于两种类型子公司的比重。对扩展边际，根据本章理论机制的分析，当地生产型子公司在建立初期会带动生产设备和生产资料的出口，因而生产型跨国子公司投资的扩展边际并不会对母公司出口产生太大的抑制作用；商贸服务型子公司由于在建立初期很难快速占领东道国市场，因而商贸服务型子公司投资的扩展边际对母公司出口的促进作用也不会太明显。由此,预期市场寻求型 ODI 会弱化扩展边际的出口创造效应。对于效率寻求型的 ODI,往往是在东道国生产劳动密集型产品,且所投资的东道国多为发展程度较低的国家,新建投资时需要从中国引进设备等生产资料,而稳定生产后的产品会对母公司的产品出口产生抑制作用。因此可以预期效率寻求型 ODI 会促进扩展边际的出口创造效应,强化集约边际的出口替代效应。

综合以上分析,下文的目的是检验各种投资动机对二元边际出口效应的确切影响。我们在基准回归模型(5-1)中引入投资动机代理变量与扩展边际和集约边际的交叉项 $Extmg \times Aim$ 和 $Intmg \times Aim$,具体设定如下:

$$Export_{i,t} = \beta_1 Export_{i,t-1} + \beta_2 Extmg_{i,t} + \beta_3 Extmg_{i,t} \times Aim_{i,t} + \beta_4 Intmg_{i,t} +$$
$$\beta_5 Intmg_{i,t} \times Aim_{i,t} + \beta_6 GDP_{i,t} + \beta_7 Pop_{i,t} + \beta_8 Trade_{i,t} + \beta_9 Exch_{i,t} +$$
$$\beta_{10} Dist_{i,t} + \beta_{11} FTA_{i,t} + \alpha + \mu_i + \lambda_t + \varepsilon_{i,t} \tag{5-2}$$

式(5-2)中的 β_3 和 β_5 是我们关注的待估参数。$Aim \in \{Nr, GDP, Eff\}$,其中,Nr 表示东道国的资源密集度,用燃料、矿石和金属出口占总出口的比重来衡量①;GDP 表示东道国的市场规模,度量方式与前文一致;Eff 表示东道国的效率水平,用人均 GDP 对数的倒数衡量②。其他变量的设定与前文无异,这里不再赘述。由于引入了交叉项,$Extmg$ 和 $Intmg$ 对 $Export$ 的影响由直接影响和经由交叉项产生的间接影响两部分构成。因此,不能直接根据 $Extmg$ 和 $Intmg$ 前面的系数判定其对 $Export$ 的影响方向和程度。参考 Wooldridge(2015)、顾雪松等(2016),对 Aim 进行去均值化处理,此时回归得到的 β_2 和 β_4 才能真实反映扩展边际和集约边际对出口的影响。

表 5-7 报告了具体的检验结果。根据表 5-7,从交叉项中剥离 $Extmg$ 和 $Intmg$ 的偏效应后,变量 $Extmg$ 的系数始终为正,$Intmg$ 的系数始终为负,且基本都在 1%的水平下显著。这一结果再次证实了中国对外直接投资的扩展边

---

① 稳健性检验中使用的变量自然资源蕴藏量 Res 与这里的资源密集度 Nr 存在如下关系:Nr = Res/GDP。

② "效率寻求"意指寻求更低的生产成本,特别是寻求更低的劳动力成本(Buckley et al.,2007)。Globerman 和 Shapiro(2002)、项本武(2009)采用人均 GDP 度量一国劳动力成本,这里也借鉴这种做法。对人均 GDP 取倒数是为了便于计量结果分析。因为劳动力成本越低,人均 GDP 越小,取倒数后的数值就越大,表示效率水平越高。

际具有显著的出口创造效应,集约边际具有显著的出口替代效应。观察表 5-7 列 (1),交叉项 $Extmg \times Nr$ 的系数显著为正,$Intmg \times Nr$ 的系数显著为负,说明资源寻求型 ODI 会对扩展边际的出口创造效应和集约边际的出口替代效应同时产生促进作用,与预期基本吻合。在列 (2) 中,$Extmg \times GDP$ 的系数显著为负,$Intmg \times GDP$ 的系数显著为正,说明市场寻求型 ODI 会减弱扩展边际的出口创造效应和集约边际的出口替代效应,可见商贸服务型分支机构的存在对缓解集约边际的出口替代效应具有重要作用。在列 (3) 中,$Extmg \times Eff$ 的系数显著为正,$Intmg \times Eff$ 的系数显著为负,说明效率寻求型 ODI 能增强扩展边际的出口创造效应和集约边际的出口替代效应,从数据上验证了前述的影响机理。

表 5-7 投资动机检验

	(1) 资源寻求型 ODI	(2) 市场寻求型 ODI	(3) 效率寻求型 ODI
L. Export	0.8181*** (0.0111)	0.6909*** (0.0168)	0.6853*** (0.0171)
Extmg	0.0057*** (0.0007)	0.0091*** (0.0010)	0.0080*** (0.0009)
Intmg	-0.0046*** (0.0006)	-0.0022*** (0.0008)	-0.0017** (0.0008)
Extmg×Nr	0.0084*** (0.0023)		
Intmg×Nr	-0.0051*** (0.0013)		
Extmg×GDP		-0.0017*** (0.0003)	
Intmg×GDP		0.0006*** (0.0002)	
Extmg×Eff			0.2404*** (0.0360)

续表

	(1)	(2)	(3)
	资源寻求型ODI	市场寻求型ODI	效率寻求型ODI
Intmg×Eff			-0.0379**
			(0.0169)
控制变量	控制	控制	控制
时间效应	控制	控制	控制
Wald统计量	1.38e+05***	6.58e+04***	5.55e+04***
	[0.0000]	[0.0000]	[0.0000]
Arellano-Bond AR (1)	-4.0526***	-3.6147***	-3.6444***
	[0.0001]	[0.0003]	[0.0003]
Arellano-Bond AR (2)	0.4654	0.0974	0.2178
	[0.6417]	[0.9224]	[0.8276]
Sargan统计量	108.8260	99.2283	101.2718
	[0.3036]	[0.5592]	[0.5017]
样本量	697	909	909

第五节 本章小结

本章在回顾相关文献的基础上首次对对外直接投资扩展边际以及集约边际对母国出口影响的传导机制进行了甄别和系统阐述，并利用2007～2015年与中国有贸易和ODI往来的184个国家（地区）的非平衡面板数据、采用系统GMM方法在实证上予以检验。进一步，本章还探究了出口产品类型、东道国收入水平、投资动机的异质性对中国对外直接投资二元边际出口效应的影响。经过检验，本章得到以下结论：

第一，中国对外直接投资的扩展边际对出口具有互补效应，而集约边际对出口则具有替代效应。扩展边际通过品牌效应、带动母国设备和技术出口等途径促进出口，且投资初期子公司的产量不大，对母公司出口的抑制作用不明显；而投资的集约边际在促进出口方面力度不大，且能快速地转化为最终产品从而挤占母公司在东道国及其周边国家的市场份额。

第二，中国对外直接投资的扩展边际对中国技术型产品的出口具有显著的促进作用，但不影响非技术型产品的出口；而投资的集约边际不管是对技术型还是非技术型产品都具有显著的出口替代效应。扩展边际通过逆向技术溢出和带动技术型原材料出口的方式促进技术型产品的出口。集约边际投资的是稳定运行的子公司，对母公司的依赖较小，对出口的促进作用不明显。

第三，扩展边际的对外投资扩张有利于带动中国中间品和资本品的出口；集约边际仅对中间品的出口具有创造效应，对资本品的出口为替代效应；但两个投资边际对消费品出口均没有显著影响。中间品的出口创造效应多发生于垂直型ODI，无论是扩展边际还是集约边际均会带动中间品出口。资本品由于存在较高的异质性，新建投资时需要从母国引进相关产品，而稳定生产后对生产设备等的需求减少，因而扩展边际对资本品出口存在促进作用而集约边际仍表现为替代效应。消费品可替代性较强，无须从母国购买，所以无论是扩展边际还是集约边际均对消费品出口无明显促进作用。

第四，对于不同收入水平的东道国，中国对其投资的二元边际的出口效应也存在差异。以扩展边际的方式投资中低收入国家有利于促进出口，但投资高收入国家会抑制出口。高收入国家以发达国家为主，对中国设备等的需求不大，因而扩展边际对发达国家的出口没有表现出互补效应。以集约边际的方式投资低收入和高收入国家对出口的作用不明显，而投资中等收入国家会对出口形成替代。中国在低收入国家的投资以资源类行业为主而在高收入国家以服务业为主，已有在位境外子公司追加投资扩大生产不会对母国产品产生显著替代作用，集约边际的替代效应主要体现在中等收入国家。

第五，目前无论是扩展边际还是集约边际，中国在"一带一路"国家的投资均对出口没有显著影响；以扩展边际的方式投资非"一带一路"国家会促进中国向这些国家的出口，以集约边际的方式则会削减出口。这反映出中国对"一带一路"国家的投资仍处于初级阶段，投资量较小，未能对出口产生较大影响。

第六，资源寻求型 ODI 和效率寻求型 ODI 均能增强扩展边际的出口创造效应和集约边际的出口替代效应；相反，市场寻求型 ODI 起到弱化的作用。市场寻求型的特殊表现可能是由于中国市场寻求型 ODI 以商贸服务类分支机构为主，不生产具体的产品，因而在扩展边际促进生产资料出口方面表现较弱，而对集约边际的出口替代效应有抑制作用。

第六章 中国对外直接投资的就业效应

第一节 导言

在全球贸易和全球外国直接投资高速发展了几十年后,近年来继续增长动力不足。与此同时,反全球化思潮的影响不断扩大,尤其是2016年英国脱欧以及2017年初美国正式退出跨太平洋伙伴关系协定(TPP),预示着反全球化思想在欧美国家占据了更为重要的地位。对外直接投资对母国就业存在替代还是促进作用至今没有定论,但是较为统一的意见认为发达国家制造业向发展中国家转移会减少母国低技能劳动者的就业。目前,中国并没有出现低端制造业大规模转移到低劳动力成本国家的趋势,中国的对外直接投资动机与发达国家相比存在明显差异。在此背景下,对中国对外投资母国就业效应的研究显得尤为重要。

以往学者大多认为ODI对母国就业同时存在替代和促进两方面的作用,两种力量的强弱在不同行业、不同人群、不同地区而有不同的表现。因此,无论是国外学者还是国内学者,大多采用实证的方法进行研究。虽然国外学者对发达国家ODI母国就业效应的研究已经得到相当丰富的成果,但是由于中国的对外直接投资行为与发达国家存在较大差异,国外研究成果对中国的适用性值得商榷。而国内研究成果较为单薄，仍需继续深入分析中国对外直接投资与国内就业之间的关系。

现有国内文献大多使用企业层面的数据（毛其淋和许家云，2014a、2014d；袁其刚等，2015；李磊等，2016；蒋冠宏，2016），研究方法多使用倾向评分匹配法。基于企业层面的研究使用的样本量较大，可以进行更为深入的研究。但是，基于企业层面的研究只能得到企业对外直接投资对自身就业或工资水平的影响，事实上，替代性或互补性不仅出现在同一跨国企业母公司与子公司之间，也可能存在于跨国公司与上下游非跨国公司之间（Lipsey，1999）。比如跨国公司对外直接投资后，原来母公司的部分员工可能会因此而失业，但是对外投资活动同时也可能会在同行业其他企业甚至其他行业的企业创造新的岗位。因此，基于企业层面微观数据和基于行业层面等宏观数据的研究结果或许会有较大差异。

此外，现有文献在研究 ODI 对母国劳动力市场影响时多从就业需求的角度展开研究，并未严格区分 ODI 对母国工资和就业的不同影响。在劳动力市场是完全竞争时，工资水平由劳动力市场的供求关系决定，在劳动力供给不变的情况下，研究就业需求的变化可以等同于工资水平的变化，两者具有对偶性。然而，信息不对称在中国就业市场是普遍存在的现象，工资水平不一定能快速反映就业市场供需的变化。

在这一章中，我们将从宏观省际层面数据入手，基于二元边际的视角探讨中国对外直接投资的就业效应。具体而言，首先，从理论上阐释 ODI 集约和扩展两个边际影响中国就业的机制与路径。其次，构建计量模型对 ODI 二元边际的就业效应予以考察，并在此基础上借助中介效应分析方法从数据上进一步检验其影响的路径。最后，考察投资扩展边际和集约边际对中国就业影响的滞后效应，同时探讨当期效应在不同行业、不同企业、不同劳动力中的差异。此外，为了检验就业效应和工资效应是否具有明显的对偶性，我们还从经验上研究了 ODI 二元边际的工资效应。

第二节 传导机制

根据已有文献，对外直接投资对母国就业市场的影响与投资类型、就业人群、所属行业等有关，尚未形成统一的理论框架。本章将尝试从劳动生产率、出口、国内投资以及直接岗位创造等几个方面分析中国对外直接投资二元边际对国内就业市场的影响机制。

（1）劳动生产率途径。首先，通过对外直接投资，国内母公司可以逆向技术溢出获取投资国先进的技术和管理经验，提高母公司技术和管理水平，从而提高母公司的劳动生产率。由于对外直接投资集约边际是对已有海外子公司进行追加投资，通过前期投资母公司已经能够获取东道国技术水平，以此通过集约边际获取的技术和管理经验将大大小于扩展边际。其次，通过对外直接投资跨国公司更容易在东道国获取所需资源，通过优化生产资料配置从而提高母公司劳动生产率。同样，通过扩展边际更有可能获取新的资源，因而通过优化生产资料配置提高母公司劳动生产率方面扩展边际也会更为明显。最后，跨国公司通过对外直接投资提高自身劳动生产率后，通过竞争效应和示范效应会带动国内同行的劳动生产率。劳动生产率提高后，在产出不变的情况下将会降低劳动力需求，然而，随着劳动生产率的提高，企业竞争力增强，往往会扩大生产，因而会增加劳动力的需求，最终影响取决于劳动生产率提高的幅度以及产量扩大的幅度。综上所述，预期集约边际通过劳动生产率途径对就业市场的影响将不如扩展边际。

（2）出口途径。一方面，当地生产型对外直接投资通过转移生产到国外，会对国内对东道国及其周边国家的出口产生替代作用。由于沿扩展边际上的投资需进行前期筹备，产量不大，因而集约边际对母国出口的替代作用更为显著。另一方面，对外直接投资通过境外销售分支、品牌效应、促进中间品出口等会增加母国出口量。显然，扩展边际对出口的促进作用强于集约边际。随着出口的增加，国内就业水平也会相应提高，因而预期中国对外直接投资扩展边际会通过促进出口而增加就业量，而集约边际通过出口对就业的影响方向则取决于出口替代作用与促进作用的强弱。

（3）国内投资途径。第一，当地生产型对外直接投资通过产业转移会直接减少母公司在国内的投资量，同时由于母公司业务量的缩减其上下游企业的投资也会有所减少。与 ODI 二元边际对出口的替代作用类似，当地生产型对外投资集约边际对国内投资量的减少作用相对扩展边际会更为明显。第二，资源寻求型对外直接投资取得的东道国资源品有部分正是国内母公司生产过程所需的中间品，中间品来源的充裕会有利于母公司扩大投资量。对原有资源寻求型子公司进行追加投资时资源品的产出量增加更显著，因而从这方面来讲集约边际对国内投资的促进作用更为明显。第三，跨国公司通过在全球优化资源配置，往往会带来企业利润的增加，这有利于跨国公司扩大投资规模。ODI 二元边际对跨国公司规模的扩大作用大小将取决于哪个边际给母公司带来的利润更高。国内投资的增加自然会带来更多国内就业的需求，ODI 二元边际通过国内投资途径对国内就业的影响方向是不确定的，需进一步检验（见图6-1）。

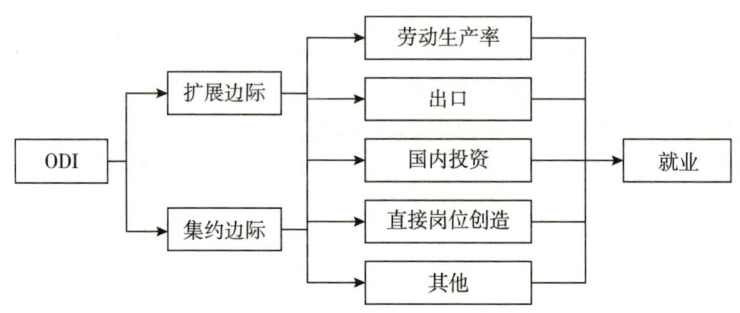

图 6-1　ODI 二元边际就业效应作用机理

（4）直接岗位创造途径。一方面，跨国公司在海外建立子公司时往往会派遣人员常驻子公司，为国内人员增加了就业机会。另一方面，海外子公司的设立也会直接增加母公司的管理岗位，以便在国内联系和管理子公司。显然，扩展边际通过这两方面对母国就业的促进作用会大于集约边际。

第三节 实证研究设计

一、计量模型设定

为了检验中国对外直接投资的扩展边际和集约边际分别对本国就业的影响,本章构建如下计量模型:

$$Emp_{it} = \alpha + \beta_1 Extmg_{it} + \beta_2 Intmg_{it} + \theta X + \mu_i + \varepsilon_{it} \qquad (6-1)$$

其中,Emp_{it} 表示省域 i 第 t 年的就业水平;$Extmg_{it}$、$Intmg_{it}$ 分别表示省域 i 第 t 年对外直接投资的扩展边际和集约边际;X 表示其他影响就业水平的控制变量;μ_i 表示省域个体效应;ε_{it} 表示随机扰动项。本章关注的是核心变量 $Extmg$ 的估计系数 β_1 以及 $Intmg$ 的估计系数 β_2。

被解释变量:就业水平。采用城镇单位就业人员年末人数反映各省域就业状况。

核心解释变量:一是对外直接投资的集约边际。按照第三章式(3-1)计算得到。二是对外直接投资的扩展边际。按照第三章式(3-2)计算得到。

控制变量。参考现有对就业的研究,本章加入产出水平、福利水平、政府财政支出和产业结构等作为控制变量,以避免遗漏重要解释变量带来的偏误。控制变量构建的具体形式如下:

第一,产出水平。产出水平是就业的直接驱动力,高产出水平的地区自然需要更多的就业人员。这里采用国内生产总值 GDP 衡量地区产出水平,并用地区生产总值指数折算成 2005 年不变价格,记为 GDP。我们预期 GDP 的估计系数显著为正。

第二,福利水平。一方面,福利水平高的地区,待业人员为了获取就业相关福利,会增加其寻求工作的积极性,因而对整个地区的就业有促进作用;另一方面，高福利水平意味着企业员工失业后也能有基本的生活保障，这会加大企业员工离职的可能性。因此福利水平是影响国内就业的重要因素。这里以失业保险年末参保人数占就业人数比重衡量地区福利水平，记为 Welf。

第三，政府财政支出。首先，政府财政支出可以通过直接增加就业机会和财政支出乘数间接增加就业需求两个方面促进地区就业水平。其次，政府财政支出有利于改善当地道路交通等基础设施，这对劳动力有一定吸引作用。然而，政府财政支出也会对私人投资存在一定的挤占作用，降低当地经济的市场化程度，可能会对当地就业存在负向影响（陆铭等，2012）。因此控制地区的政府财政支出是很有必要的。这里采用地方政府一般预算支出占 GDP 比重衡量政府财政支出状况，记为 Exp。

第四，产业结构。产业结构也会对劳动力市场产生显著影响，随着产业的升级，第二产业就业者虽然会有所下降，但并不代表总就业会下降，部分就业人员会流向第三产业；同时产业升级会给高技能劳动者带来更高的收入，这又会增加餐饮、保姆等低技能服务业的就业（陆铭等，2012）。这里采用第三产业增加值与第二产业增加值的比值衡量地区产业结构，记为 Indstr。我们预期 Indstr 的估计系数显著为正。

为了降低异方差问题，对上述所有变量进行对数化处理。需要说明的是，由于投资数据 Extmg 和 Intmg 存在零值和负值，为了避免直接删除该样本导致估计出现偏误，参考 Busse 和 Hefeker（2007）的做法，采用以下公式对其进行对数化转换。

$$variable^* = \ln\left(variable + \sqrt{variable^2 + 1}\right)$$

二、估计方法

面板数据模型包括混合 OLS 模型、固定效应模型和随机效应模型。混合 OLS 模型要求样本中每个个体都拥有完全相同的回归方程，因而忽略了个体间不可观测或被遗漏的异质性，而该异质性可能与解释变量相关从而导致估计不一致（Cheng and Wall，2005）。相反，固定效应模型和随机效应模型引入了个体效应,通过使不同个体拥有不同的截距来捕捉异质性。固定效应模型假设个体效应与解释变量相关,通过组内去均值的方式去除个体效应并获得具有一致性的模型参数估计值。随机效应方法假设个体效应与所有解释变量均不相关,通过采用广义最小二乘估计量解决同一个体不同时期扰动项之间存在相关的问题,估计量具有有效性。

通常情况下,采用 F 检验作为混合 OLS 模型与固定效应模型的筛选依据;采用 LM 检验作为混合 OLS 模型与随机效应模型的筛选依据;当两种检验均拒绝了采用混合 OLS 模型的前提下,借助 Hausman 检验判定应该选用固定效应模型还是随机效应模型。

三、数据说明与描述统计

本章选取 2004~2014 年全国 30 个省域(剔除西藏①)作为研究样本。由于对外投资二元边际测算的特殊性,实际有效样本跨度仅为 2005~2014 年。除 $Extmg$、$Intmg$ 外,其他变量的相关数据均来自 EPS 数据库。表 6-1 提供了变量的描述性统计结果。

表 6-1 变量统计特征

变量	观测值	均值	标准差	最小值	中位数	最大值
Emp	300	5.9046	0.7501	3.7519	5.9977	7.5875
$Wage$	300	10.2209	0.3605	9.5122	10.2405	11.3100
$Extmg$	300	8.7623	4.8661	-12.5816	9.9420	14.6828
$Intmg$	300	6.3655	7.8247	-12.1561	9.9029	14.4780
GDP	300	8.6386	0.8644	6.2977	8.6401	10.2154
$Welf$	300	-0.1052	0.2294	-0.6104	-0.1134	0.4720
Exp	300	-1.6649	0.3997	-2.5360	-1.6791	-0.4908
$Indstr$	300	-0.1719	0.3416	-0.6939	-0.2322	1.2970

---

① 由于西藏的数据不完整,故在研究中将西藏剔除。

续表

变量	观测值	均值	标准差	最小值	中位数	最大值
Edu	300	2.1546	0.1112	1.8528	2.1586	2.4873
Unemp	300	-3.3453	0.2199	-4.4145	-3.3050	-2.8788

第四节 实证结果分析

在回归分析之前,先进行变量的平稳性检验和多重共线性检验,检验结果分别如表 6-2 和表 6-3 所示。根据表 6-2,所有变量序列的 LLC、ADF-Fisher 和 Hadri LM 三种检验结果均在 1% 的显著性水平下拒绝"面板包含单位根"的原假设,可以认为这些变量均为平稳变量,所以下文的回归分析中不存在"伪回归"问题。观察表 6-3 的相关系数矩阵发现,除了 *GDP* 和 *Exp* 的相关系数绝对值超过 0.7 外,其他解释变量之间的相关系数绝对值均在 0.6 以下。进一步讲,根据方差膨胀因子检验结果可知,无论是就业模型还是工资模型,变量的 VIF 值都在 1~3 的范围内,远小于 5 的临界值。由此可判定解释变量之间不存在严重的多重共线性问题。

表 6-2 面板数据单位根检验

变量	LLC	ADF-Fisher				Hadri LM	结论
		(1)	(2)	(3)	(4)		
Emp	-4.7610*** [0.0000]	131.1432*** [0.0000]	-4.7494*** [0.0000]	-4.8986*** [0.0000]	6.4945*** [0.0000]	8.6006*** [0.0000]	平稳
Wage	-9.5150*** [0.0000]	177.0247*** [0.0000]	-7.7199*** [0.0000]	-8.2177*** [0.0000]	10.6828*** [0.0000]	8.2703*** [0.0000]	平稳
Extmg	-8.6666*** [0.0000]	169.8130*** [0.0000]	-8.0204*** [0.0000]	-8.2039*** [0.0000]	10.0245*** [0.0000]	6.5954*** [0.0000]	平稳

续表

变量	LLC	ADF-Fisher				Hadri LM	结论
		(1)	(2)	(3)	(4)		
$Intmg$	-18.9929*** [0.0000]	244.0189*** [0.0000]	-10.8126*** [0.0000]	-12.0288*** [0.0000]	16.7985*** [0.0000]	6.3399*** [0.0000]	平稳
GDP	-6.3419*** [0.0000]	168.1132*** [0.0000]	-7.5096*** [0.0000]	-7.8090*** [0.0000]	9.8693*** [0.0000]	6.7190*** [0.0000]	平稳
$Welf$	-5.5501*** [0.0000]	95.3543*** [0.0025]	-2.5015*** [0.0062]	-2.5201*** [0.0064]	3.2274*** [0.0006]	8.7022*** [0.0000]	平稳
Exp	-4.1877*** [0.0000]	171.8123*** [0.0000]	-8.0595*** [0.0000]	-8.2226*** [0.0000]	10.2070*** [0.0000]	7.1398*** [0.0000]	平稳
$Indstr$	-5.7997*** [0.0000]	144.0860*** [0.0000]	-6.6457*** [0.0000]	-6.6340*** [0.0000]	7.6760*** [0.0000]	8.4260*** [0.0000]	平稳
Edu	-7.9280*** [0.0000]	145.9814*** [0.0000]	-7.2228*** [0.0000]	-7.0093*** [0.0000]	7.8490*** [0.0000]	4.4551*** [0.0000]	平稳
$Unemp$	-6.6287*** [0.0000]	154.4427*** [0.0000]	-7.2385*** [0.0000]	-7.2428*** [0.0000]	8.6214*** [0.0000]	5.4136*** [0.0000]	平稳

注：LLC、ADF-Fisher 和 Hadri LM 三种检验方法对应的检验类型（c，μ_i，t，p）分别是（0，1，1，1）、（1，0，0，1）和（0，1，1，1），其中（c，μ_i，t，p）表示面板单位根检验是否加入漂移项 c、个体固定效应 μ_i、线性时间趋势项 t 以及指定的滞后阶数 p。为了缓解可能存在的截面相关，在检验过程中先将面板数据减去各截面单位的均值，以避免检验方法存在"显著性水平扭曲"（size distortion）问题。ADF-Fisher 检验中四列结果分别对应"逆卡方变换"、"逆正态变换"、"逆逻辑变换"和"修正逆卡方变换"下的统计量和相应的 P 值。***、**、*分别表示1%、5%、10%的显著性水平；[ ]内数值为相应检验统计量的 P 值，下表同。

表6-3 多重共线性检验

相关系数检验								
	$Extmg$	$Intmg$	GDP	$Welf$	Exp	$Indstr$	Edu	$Unemp$
$Extmg$	1							
$Intmg$	-0.0679	1						
GDP	0.2819	0.1461	1					
$Welf$	0.1679	0.0536	0.3864	1				
Exp	-0.0848	-0.0060	-0.7507	-0.3786	1			

续表

相关系数检验								
	Extmg	Intmg	GDP	Welf	Exp	Indstr	Edu	Unemp
Indstr	0.1012	-0.0868	-0.0905	0.2705	0.1411	1		
Edu	0.3381	0.1343	0.3523	0.5072	-0.1412	0.3696	1	
Unemp	-0.2030	0.0114	-0.1741	-0.3278	0.0117	-0.5499	-0.4706	1
方差膨胀因子检验（VIF）								
就业模型	1.1763	1.0844	2.7889	1.3854	2.6154	1.1872		
工资模型	1.1483	1.0403		1.3653			1.7300	1.3141

一、基本回归结果

首先，通过 F 检验、LW 检验和 Hausman 检验确定模型（6-1）的估计方法，结果如表 6-4 所示。F 检验的结果说明固定效应模型优于混合 OLS，LW 检验的结果说明随机效应模型同样优于混合 OLS，Hausman 检验结果则表明固定效应模型优于随机效应模型。基于此，本小节采用固定效应模型分析中国对外直接投资二元边际的就业效应，所得到的回归结果如表 6-5 前两列所示。模型联合显著性检验 F 统计量值均较大，说明系数整体显著。列（1）中 ODI 的扩展边际 Extmg 和集约边际 Intmg 系数均在 1% 的显著性水平下显著为正，但在控制了影响就业的其他变量后，Extmg 的系数仍显著为正，但 Intmg 的系数却失去了显著性，具体见列（2）结果。可见，中国对外直接投资的扩展边际有利于促进母国就业，且在保持其他变量不变的情况下，ODI 扩展边际每提高 1%，就业将增加 0.0047%，但集约边际的促进作用不明显。一方面，扩展边际会直接带来母公司管理岗位的增加，而集约边际方面由于是对已有子公司进行追加投资，这方面的促进作用较弱。另一方面，根据理论机制的分析，扩展边际对母国出口的替代作用似乎弱于集约边际，因而对国内就业市场的负向影响也会小于集约边际。这可能是导致两个边际的就业效应存在差异的重要原因。

第六章 中国对外直接投资的就业效应

表 6-4 模型设定检验结果

检验方法	统计量值	p 值
F 检验	F (29, 264) = 20.17	0.0000
LW 检验	Chi2 (1) = 476.76	0.0000
Hausman 检验	Chi2 (6) = 20.87	0.0019

表 6-5 基本回归结果

	FE		RE	OLS
	(1)	(2)	(3)	(4)
$Extmg$	0.0153***	0.0047***	0.0043***	0.0047***
	(0.0021)	(0.0012)	(0.0012)	(0.0012)
$Intmg$	0.0047***	0.0008	0.0008	0.0008
	(0.0016)	(0.0008)	(0.0009)	(0.0008)
GDP		0.5909***	0.8981***	0.5909***
		(0.0980)	(0.0277)	(0.0777)
$Welf$		-0.4714***	-0.4918***	-0.4714***
		(0.0990)	(0.0961)	(0.0558)
Exp		0.2986***	0.1129*	0.2986***
		(0.0937)	(0.0598)	(0.0608)
$Indstr$		0.3365***	0.3130***	0.3365***
		(0.0970)	(0.0679)	(0.0566)
$Constant$	5.7407***	1.2585	-1.7061***	1.3322*
	(0.0236)	(0.9542)	(0.2358)	(0.7596)
个体效应	控制	控制	控制	控制
F/Wald 统计量	27.2380***	37.2986***	1.27e+03***	1.18e+03***
	[0.0000]	[0.0000]	[0.0000]	[0.0000]
R^2/within R^2	0.2014	0.7153	0.6991	0.9862
样本量	300	300	300	300

注：( ) 内数值为回归系数标准误，下表同。

从其他控制变量的结果来看，变量 *GDP*、*Exp* 和 *Indstr* 系数均显著为正，说明提高中国产出水平、增加政府的财政支出、提高第三产业比重均有利于中国就业。可见，地方政府的财政干预对就业的促进作用大于抑制作用，第三产业比重的逐步增加也强化了其对就业的吸纳能力。*Welf* 系数显著为负，说明福利水平对就业的负向作用占主导地位，福利水平越高，就业反而降低。

作为对照，表6-5给出了随机效应模型和混合OLS下的参数估计结果，如列（3）、列（4）所示。核心解释变量 *Extmg* 和 *Intmg* 系数的大小和显著性均与列（2）无本质区别，说明了结论的稳健性。

二、稳健性检验

（一）内生性问题

解释变量与被解释变量之间的双向因果关系可能导致内生性问题的产生，使上述估计结果失去无偏性。对此，我们将模型（6-1）中核心解释变量和控制变量都滞后1期重新进行回归，以检验稳健性。检验结果如表6-6列（1）所示。投资扩展边际变量 *Extmg* 与投资集约边际变量 *Intmg* 的系数符号与显著性均与表6-5中的估计结果无本质区别，说明结论是稳健的。

（二）变换估计方法

在面板数据模型中，扰动项若存在组间异方差或组间同期相关（或称为截面相关），则OLS估计量虽具有无偏性，但不再有效。在模型（6-1）中，沃尔德检验统计量值为3688.23，*p* 值小于0.01，拒绝了"同方差"的原假设，认为存在组间异方差；Pesaran检验统计量值为17.41，Friedman检验统计量值为71.32，Frees检验统计量值为5.37，三种检验统计量的 *p* 值均小于0.01，拒绝了"无组间同期相关"的原假设，认为存在截面相关。那么，组间异方差和截面相关的存在是否会影响前文估计系数的显著性？为此，我们采用面板校正标准误PCSE（Panel-Corrected Standard Error）方法对估计系数的标准误进行校正,结果如表 6-6 列(2)所示。显然,核心解释变量显著性与前文无异,说明残差项虽然存在组间异方差和截面相关性,但并不会对本章的主要结论造成影响。

表 6-6 稳健性检验结果

	被解释变量 Emp			被解释变量 $Unemp$		
	(1)	(2)	(3)	(4)	(4-1)	(4-2)
$Extmg$	0.0051***	0.0047***	0.0196***	-0.0006	-0.0036*	0.0010
	(0.0012)	(0.0017)	(0.0049)	(0.0009)	(0.0020)	(0.0013)
$Intmg$	0.0004	0.0008	0.0005	-0.0014*	-0.0020	-0.0000
	(0.0008)	(0.0009)	(0.0007)	(0.0007)	(0.0012)	(0.0014)
控制变量	控制	控制	控制	控制	控制	控制
个体效应	控制	控制	控制	控制	控制	控制
F/Wald 统计量	39.3122*** [0.0000]	1.43e+04*** [0.0000]	38.3317*** [0.0000]	3.6918*** [0.0076]	2.5248** [0.0433]	4.6867*** [0.0019]
R^2/within R^2	0.6978	0.9862	0.6650	0.1247	0.0377	0.1755
样本量	270	300	300	300	300	300

(三) 考虑数据极端值的影响

样本中如果存在少数样本点,其观测值与大多数样本点的观测值相差较大,那么极有可能导致回归系数被高估或低估。虽然表 6-1 中汇报的各变量的最大值、最小值与均值相差不大,但为了增强结论的可靠性,这里仍对所有变量进行 1% 分位和 99% 分位的 Winsorize 缩尾处理以剔除潜在极端值对回归估计造成的影响。结果如表 6-6 列(3)所示,变量 $Extmg$ 系数在统计上显著,而 $Intmg$ 的系数不显著,且符号与预期均相符,说明结论是稳健的。

(四) 变换视角:失业的分析

失业是就业的对立面,失业的下降意味着就业的增加。据此,我们从失业的角度看待 ODI 二元边际的就业效应，以检验结论的稳健性。以失业 *Unemp* 作为被解释变量，用各省域本年末登记失业人数的对数度量。检验结果如表 6-6 列（4）所示。变量 *Extmg* 系数为负值，虽然在统计上不显著，但是进一步区分性别的失业水平发现，投资的扩展边际能显著降低女性失业人数。总体而言，中国对外直接投资的扩展边际仍有利于降低失业水平，间接说明了前文结论的稳健性。变量 *Intmg* 在 10% 的显著性水平下显著为负，说明投资的集约边际对降低省域失业水平有一定作用，而前文中投资的集约边际对就业的影响虽然在统计上不显著，但符号仍稳定为正。

三、投资扩展边际就业效应的传导机制检验

前文表明中国对外直接投资的扩展边际对就业具有显著正向影响，本小节将基于中介效应分析方法进一步对扩展边际就业效应可能存在的影响路径进行检测和分析。

中介效应的概念最早来源于心理学研究，后随着中介效应检验技术的日渐成熟被逐渐引入到经济管理学领域，用以衡量解释变量通过中介变量间接作用于被解释变量的影响程度，模型具体设定如下：

$$Y = tX + \varepsilon_1 \tag{6-2}$$

$$M = aX + \varepsilon_2 \tag{6-3}$$

$$Y = dX + bM + \varepsilon_3 \tag{6-4}$$

其中，Y 为被解释变量；X 为解释变量；M 为中介变量（Mediator），即 X 通过 M 间接对 Y 产生影响；ε_1、ε_2 和 ε_3 为随机扰动项。系数 t 和系数 d 分别度量了 X 对 Y 影响的总效应（Total Effect）和直接效应（Direct Effect）；系数 a、b 分别代表 X 影响 M、M 影响 Y 的程度，乘积 ab 即为 X 通过 M 作用 Y 的程度，称为 X 对 Y 影响的间接效应（Indirect Effect）或中介效应（Mediated Effect）。发生机制如图 6-2 所示。

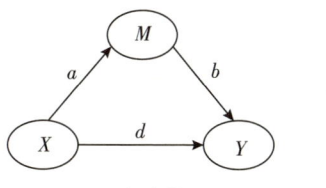

图 6-2 中介效应机制

判断 M 是否起到中介效应作用的检验程序如图 6-3 所示。当系数 a、b 均显著，则中介效应显著；若二者有一个不显著或者均不显著，则通过 Sobel 检验或 Goodman 检验作进一步分析，检验通过代表存在显著中介效应，否则表示中介效应不明显。

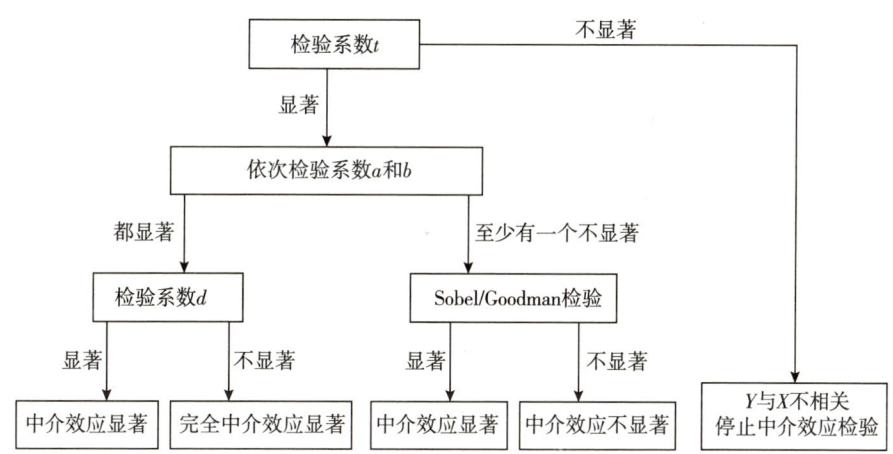

图 6-3 中介效应检验程序

Sobel 检验统计量：

$$Z = \frac{\hat{a}\hat{b}}{\sqrt{s_a^2 \hat{b}^2 + s_b^2 \hat{a}^2}}$$

Goodman 检验统计量 1：

$$Z = \frac{\hat{a}\hat{b}}{\sqrt{s_a^2 \hat{b}^2 + s_b^2 \hat{a}^2 + s_a^2 s_b^2}}$$

Goodman 检验统计量 2：

$$Z = \frac{\hat{a}\hat{b}}{\sqrt{s_a^2\hat{b}^2 + s_b^2\hat{a}^2 - s_a^2 s_b^2}}$$

其中，$\hat{a}$ 为式 (6-3) 系数 a 的估计值，$\hat{b}$ 为式 (6-4) 系数 b 的估计值；s_a 和 s_b 分别为 $\hat{a}$ 和 $\hat{b}$ 的标准误。

根据第二节的理论分析，对外直接投资的扩展边际可能可以通过影响母国劳动力生产率、出口、投资从而影响母国就业。基于此，设定劳动生产率、出口和投资为中介变量 M，ODI 扩展边际和城镇单位就业人数分别为解释变量 X 和被解释变量 Y，依次检验上述三条可能的传导路径。① 各省域的劳动生产率用实际产出水平与总就业人数②之比衡量，记作 Labpr；出口用商品货源地出口总额衡量，记作 Export；投资用资本形成总额衡量，记作 Invest。出口总额、资本形成总额数据均来自 EPS 数据库，总就业人数来自各省域统计年鉴。检验结果如表 6-7 所示。根据列 (1) 结果，ODI 扩展边际 Extmg 对中国就业 Emp 影响的总效应为 0.0145，且在统计上显著。下面逐一分析劳动生产率、出口以及投资的中介效应。

表 6-7　ODI 扩展边际对就业的影响渠道检验结果

	回归结果						
	总效应	劳动生产率的中介效应		出口的中介效应		投资的中介效应	
	(1)	(2)	(3)	(4)	(5)	(6)	(7)
	Emp	Labpr	Emp	Export	Emp	Invest	Emp
Extmg	0.0145*** (0.0021)	0.0031*** (0.0012)	0.0126*** (0.0020)	0.0382*** (0.0057)	0.0049*** (0.0016)	0.0504*** (0.0074)	0.0038*** (0.0108)
Labpr			0.6022*** (0.1024)				
Export					0.2526*** (0.0157)		

---

① 第二节提到的直接岗位创造路径由于中介变量难以量化，并且囿于数据可得性，在此不作具体分析。
② 包括城镇就业人数和农村就业人数。

续表

	回归结果						
	总效应	劳动生产率的中介效应		出口的中介效应		投资的中介效应	
	(1)	(2)	(3)	(4)	(5)	(6)	(7)
	Emp	Labpr	Emp	Export	Emp	Invest	Emp
Invest							0.2130*** (0.0014)
Constant	5.8305*** (0.0545)	0.4304*** (0.0306)	5.5713*** (0.0677)	4.3984*** (0.1511)	4.7197*** (0.0795)	8.1682*** (0.1970)	4.0907*** (0.0948)
个体效应	控制	控制	控制	控制	控制	控制	控制
F统计量	209.9104*** [0.0000]	277.4591*** [0.0000]	229.6020*** [0.0000]	135.2276*** [0.0000]	404.9088*** [0.0000]	18.6665*** [0.0000]	509.0046*** [0.0000]
R^2	0.9590	0.9687	0.9637	0.9378	0.9791	0.6755	0.9833
样本量	300	300	300	300	300	300	300
总效应的分解							
	总效应	直接效应1	间接效应1	直接效应2	间接效应2	直接效应3	间接效应3
绝对数	0.0145	0.0126	0.0019	0.0049	0.0096	0.0038	0.0107
占比	100%	87.07%	12.93%	33.48%	66.52%	26.02%	73.98%
间接效应显著性检验							
中介变量	检验方法	系数	标准差	Z值	P值	结论	
劳动生产率 (Labpr)	Sobel	0.001875	0.000766	2.448861	0.014330	显著	
	Goodman 1	0.001875	0.000775	2.420102	0.015516	显著	
	Goodman 2	0.001875	0.000757	2.478706	0.013187	显著	
出口 (Export)	Sobel	0.009645	0.001562	6.175491	6.595e-10	显著	
	Goodman 1	0.009645	0.001564	6.165306	7.035e-10	显著	
	Goodman 2	0.009645	0.001559	6.185749	6.181e-10	显著	
投资 (Invest)	Sobel	0.010727	0.001676	6.401293	1.541e-10	显著	
	Goodman 1	0.010727	0.001678	6.393967	1.617e-10	显著	
	Goodman 2	0.010727	0.001674	6.408673	1.468e-10	显著	

(1) 劳动生产率传导路径。在以 Labpr 为中介变量的回归中,列(2) ODI 扩展边际 Extmg 对劳动生产率 Labpr 的影响系数 a 的估计值为 0.0031,且

中国对外直接投资的经济效应

在1%的显著水平下显著；列（3）中劳动生产率 Labpr 对就业 Emp 的影响系数 b 的估计值为0.6022，同样在1%的显著水平下显著。由此可以计算出中介效应大小，为0.0019。Sobel 检验和 Goodman 检验均拒绝了"中介效应无异于0"的原假设，中介效应显著。由于系数 a 估计值为正值，中介效应影响同为正向，因此可以认为中国对外直接投资的扩展边际可以通过提高本国劳动生产率促进就业。由此可以看出中国企业通过新建海外子公司提高母公司的劳动生产率后，大多选择扩大投资以期增加国内市场份额，而不是维持原有投资额进而裁减员工。列（3）还给出了投资扩展边际 Extmg 对就业 Emp 的直接效应，为0.0126，占总效应的87.07%①，反映了除去经由劳动生产率渠道对就业产生的间接效应外的影响结果。

（2）出口传导路径。在以 Export 为中介变量的回归中，列（4）中变量 Extmg 对 Export 的回归系数显著为0.0382，列（5）中变量 Export 对 Emp 的回归系数显著为0.2526，两个数乘积为0.0096，并且通过了1%显著水平下的 Sobel 检验和 Goodman 检验，由此说明中国对外直接投资的扩展边际可以通过促进出口增加本国就业；投资扩展边际每增加1%，经由出口渠道创造的就业增加0.0096%。事实上，新建海外投资分支可以通过提升母公司品牌知名度、拓宽母公司在东道国的销售渠道等方式促进母公司出口，从而加大母公司在国内的生产，因而能显著促进本国的就业。此外，出口的中介效应占比达66.52%，远远高于劳动生产率的中介效应占比（12.93%），可以初步认为相比劳动生产率渠道，中国 ODI 扩展边际通过出口渠道对就业的创造效应更大。

（3）国内投资传导路径。在以 Invest 为中介变量的回归中，根据列（6）、列（7）结果可知，变量 Extmg 对变量 Invest 的系数显著为正（$\hat{a}=0.0504$）；变量 Invest 对变量 Emp 的系数也显著为正（$\hat{b}=0.2130$）；Sobel 检验和 Goodman 检验统计量均在1%的显著水平下显著，投资的中介效应显著。可见，ODI 扩展边际还可以通过促进国内投资促进就业。由上节分析可知，中国对外直接投资扩展边际对中国出口有促进作用，因而对中国国内投资有正向作用。

---

① 由于文中汇报的回归结果省略了小数四位后的数字，所以（0.0126/0.0145×100）与这里给出的87.07%可能不完全相同，存在微小误差，下同。数值87.07%由 STATA 软件直接给出。

其次，通过新建海外子公司，国内母公司可以吸收到更多国外先进技术和管理水平，这对母公司的综合竞争力会有提升作用，通过提高质量，国内产品对进口产品会产生一定替代作用，从而加大国内投资。因此，ODI扩展边际会通过促进国内投资进而促进就业。投资的中介效应占比高达73.98%，说明ODI扩展边际对本国就业的影响效应中平均有73.98%的比例来自于国内投资的中介效应。但是，需要说明的是，母国劳动力生产率、出口、投资三条传导路径并非相互独立的，出口路径可能大部分包含于国内投资路径，国内投资的增加也可能会提高劳动生产率。

综上分析，劳动生产率、出口、投资是中国对外直接投资的扩展边际对就业产生正向作用的三个重要传导路径，特别是出口和投资渠道。投资的扩展边际可以通过促进本国劳动力生产率的提高、出口的增加、投资的增加进而促进就业。

四、滞后效应检验

前文表明中国对外直接投资的扩展边际有利于增加就业，但这种就业创造效应是否具有持续性？投资集约边际对就业影响的当期效应虽不明显，但是否存在滞后效应？为此，我们进行ODI二元边际的滞后效应检验，检验结果如表6-8所示。ODI扩展边际 $Extmg$ 系数在滞后1~3年都显著为正[①]，但呈逐年递减趋势，表明对外投资扩展边际对中国就业增长具有持续推动作用，但随着时间的推移强度逐渐减弱。说明海外子公司对母公司的技术反馈和品牌效应等具有一定的持续性，因而能连续四年对国内就业具有推动作用。从表6-8的检验结果中还可以发现，ODI集约边际 $Intmg$ 滞后1~3期与当期一样，其系数均未通过显著性检验，说明中国对外直接投资的集约边际对就业不存在滞后影响。

---

① 滞后4年及以上的 $Extmg$ 系数不显著，因此表6-8未列示相应结果。

表 6-8 滞后效应检验结果

	(1)	(2)	(3)	(4)
	当年	滞后 1 年	滞后 2 年	滞后 3 年
Extmg	0.0047***	0.0043***	0.0043***	0.0032**
	(0.0012)	(0.0011)	(0.0013)	(0.0013)
Intmg	0.0008	0.0007	0.0010	0.0008
	(0.0008)	(0.0009)	(0.0009)	(0.0009)
控制变量	控制	控制	控制	控制
个体效应	控制	控制	控制	控制
F 统计量	37.2986***	38.9725***	40.6369***	39.7402***
	[0.0000]	[0.0000]	[0.0000]	[0.0000]
within R^2	0.7153	0.7334	0.7534	0.7809
样本量	300	270	240	210

五、分组检验

为了进一步考察中国对外直接投资的扩展边际和集约边际对不同行业、不同企业、不同劳动力就业影响的差异,本小节进行了如下分组检验。

(一) 不同产业/行业检验

根据以往研究,不同行业由于其特点不同,对外投资的母国就业效应在各个行业存在较大差异(Lipsey,1999;Bajo-Rubio and Diaz-Mora,2015)。如服务业由于可贸易性较弱,因而其跨国替代性较差。那么,投资二元边际的就业效应是否会因产业或行业的差异而有所不同?对此,我们区分了三次产业①、制造业与非制造业②,考察不同类型的产业和行业的就业效应,回归结果如表 6-9 所示。

---

① 参考《国民经济行业分类》方式分类,详见附表 A1。
② 《国民经济行业分类》中 19 大行业除制造业外的其他行业均归为非制造业。

第六章 中国对外直接投资的就业效应

表 6-9 不同行业就业效应差异

	（1）第一产业	（2）第二产业	（3）第三产业	（4）制造业	（5）非制造业
$Extmg$	0.0010 (0.0018)	0.0062 *** (0.0019)	0.0033 *** (0.0007)	0.0063 *** (0.0021)	0.0040 *** (0.0009)
$Intmg$	0.0014 (0.0019)	0.0006 (0.0012)	0.0001 (0.0007)	0.0007 (0.0013)	0.0009 (0.0007)
控制变量	控制	控制	控制	控制	控制
个体效应	控制	控制	控制	控制	控制
F 统计量	17.4583 *** [0.0000]	42.8985 *** [0.0000]	43.0075 *** [0.0000]	14.1716 *** [0.0000]	38.9429 *** [0.0000]
within R^2	0.5670	0.7063	0.7511	0.5179	0.7163
样本量	300	300	300	300	300

表 6-9 前三列汇报了投资二元边际对中国三大产业就业的影响。变量 $Extmg$ 的系数在列（1）中不显著，在列（2）、列（3）中显著为正，说明中国对外直接投资的扩展边际对第二产业和第三产业的就业具有显著促进作用，但并不影响第一产业就业。这可能是由于中国的对外直接投资主要涉及第二、第三产业，因而对第一产业未产生显著影响。列（2）中变量 $Extmg$ 的系数（0.0062）相当于列（3）中系数（0.0033）的两倍，说明投资扩展边际每增加 1%，第二产业的就业增加量是第三产业就业增加量的两倍。可见，ODI 扩展边际对第二产业就业的促进作用远远高于第三产业。对此，可能的原因是：ODI 扩展边际通过劳动生产率、出口、投资途径促进国内就业主要作用于第二产业，而第三产业的就业黏性比较强，其就业的增加主要体现在增加管理人员以提供总部服务方面，因而促进作用相对较小。变量 $Intmg$ 的系数在三列中均不显著，说明投资的集约边际并不影响不同类型产业的就业。

表 6-9 后两列汇报了 ODI 二元边际对中国制造业和非制造业就业的影响。变量 $Extmg$ 的系数均显著为正，但列（4）的系数大于列（5）的系数，说明制造业就业对 ODI 扩展边际的弹性大于非制造业就业的投资弹性。这也说明

了 ODI 扩展边际对第二产业就业的促进作用主要表现在制造业上。变量 *Intmg* 的系数均不显著,说明不管是制造业还是非制造业的就业,集约边际的投资扩张均不会对其产生显著影响。

(二) 同一行业不同特征检验

通过 ODI 国内部分产业会转移到国外,由此带来的产业结构变化会改变中国就业市场对不同技能水平劳动者的需求。一般来说,产业升级后高技能劳动者的比例会有所增加。鉴于此,在这一部分中我们将进一步考察中国对外直接投资的二元边际对不同技能水平的制造业、服务业就业的影响。制造业、服务业的技能水平分类方式分别参考张川川(2015)①、陆铭等(2012)②。此外,对外直接投资使得跨国公司可以在全球范围内配置资产,充分利用各国的资源优势。因此对于要素密集度不同的制造业,ODI 集约和扩展边际对其就业的影响也可能存在差异。由此,我们也将区分劳动密集型制造业和资本密集型制造业,考察 ODI 就业效应的差异。借鉴唐东波(2011)的做法,按劳动—资本比率大小进行分类③。

表 6-10 给出了具体的回归结果。根据表 6-10,列(2)中变量 *Extmg* 的系数大于列(1)中 *Extmg* 的系数,但均在统计上显著,说明不管是低技能还是中高技能制造业,扩展边际的投资扩张均有利于促进其就业,但扩展边际对中高技能制造业的就业创造效应高于低技能制造业。相反,对于服务业,投资的扩展边际对低技能服务业的就业创造效应远高于中高技能服务业(0.0052>0.0028)。对此,可能的原因是整体就业量的增加有利于中国消费水平的提升,因而促进了餐饮娱乐等低技能服务业的就业需求。对于要素密集度不同的制造业,ODI 扩展边际的就业效应也不尽相同。劳动密集型就业的 *Extmg* 弹性为 0.0068[见列(3)结果],资本密集型就业的 *Extmg* 弹性为 0.0054[见列(4)结果],且均在统计上显著,说明中国对外直接投资的扩展边际对劳动密

---

① 具体分类结果详见附表 A2。
② 具体分类结果详见附表 A3。
③ 具体分类结果详见附表 A4。

集型制造业就业和资本密集型制造业就业均有促进作用,但对前者的促进作用更大。而发达国家对外直接投资往往会替代母国劳动密集型制造业的就业(Driffield et al.,2009;Simpson,2012)。造成这种差异的原因可能是中国对外直接投资扩展边际不仅没有把劳动密集型制造业的生产转移到国外,反而促进了中国劳动密集型产品的出口,因而对劳动密集型制造业就业的带动作用比较强。从表6-10中还可以发现,不管何种技能属性、劳动要素含量多少的制造业,投资集约边际对其就业均没有显著影响。对于不同技能水平的服务业,投资集约边际的就业效应也不明显。

表6-10 不同特征的制造业、服务业就业效应差异

	制造业				服务业	
	(1)	(2)	(3)	(4)	(5)	(6)
	低技能	中高技能	劳动密集型	资本密集型	低技能	中高技能
$Extmg$	0.0056** (0.0020)	0.0066** (0.0025)	0.0068*** (0.0022)	0.0054** (0.0023)	0.0052*** (0.0014)	0.0028*** (0.0006)
$Intmg$	-0.0007 (0.0013)	0.0015 (0.0015)	0.0001 (0.0016)	0.0010 (0.0012)	-0.0003 (0.0013)	0.0003 (0.0005)
控制变量	控制	控制	控制	控制	控制	控制
个体效应	控制	控制	控制	控制	控制	控制
F统计量	8.6910*** [0.0000]	20.2740*** [0.0000]	6.0895*** [0.0000]	17.6481*** [0.0000]	16.5318*** [0.0000]	60.3835*** [0.0000]
within R^2	0.3553	0.5352	0.3779	0.5124	0.4918	0.8095
样本量	300	300	300	300	300	300

(三)不同性别检验

Nakamura(2013)的研究认为,对外新建投资分支后母公司会增加管理人员,而增加的管理人员中男性相对较多。此外,上文的检验发现ODI扩展边际对劳动密集型制造业就业的促进作用较为明显,而劳动密集型行业往往男

中国对外直接投资的经济效应

性占多。因此,我们猜测对外直接投资二元边际对国内男性就业者的促进作用较为明显。为检验这种猜测,我们进行 ODI 二元边际就业效应性别差异检验,检验结果如表 6-11 前两列所示。列(1)和列(2)中变量 *Extmg* 的系数分别为 0.0043 和 0.0050,且均在统计上显著,说明中国对外直接投资的扩展边际对就业的促进作用虽不受劳动力性别的影响,但相比于女性,投资扩展边际对男性就业的创造效应更明显,这与我们的预期相符。*Intmg* 的系数在两列中均未通过显著性检验,说明投资的集约边际对两性就业的影响不明显。

表 6-11 不同性别、教育程度就业效应差异

	性别		教育程度			
	(1)	(2)	(3)	(4)	(5)	(6)
	女性	男性	文盲	初等水平	中等水平	高等水平
Extmg	0.0043*** (0.0011)	0.0050*** (0.0014)	-0.0072** (0.0032)	-0.0018 (0.0018)	0.0042*** (0.0015)	0.0143*** (0.0026)
Intmg	0.0003 (0.0008)	0.0012 (0.0009)	-0.0003 (0.0020)	0.0010 (0.0012)	0.0001 (0.0009)	0.0013 (0.0018)
控制变量	控制	控制	控制	控制	控制	控制
个体效应	控制	控制	控制	控制	控制	控制
F 统计量	42.8773*** [0.0000]	29.9809*** [0.0000]	48.8453*** [0.0000]	2.6610** [0.0351]	66.4908*** [0.0000]	55.9149*** [0.0000]
within R^2	0.6871	0.7079	0.7155	0.1941	0.7917	0.7666
样本量	300	300	300	300	300	300
			女性			
Extmg	—	—	-0.0076** (0.0029)	-0.0021 (0.0017)	0.0041*** (0.0014)	0.0151*** (0.0027)
Intmg	—	—	-0.0014 (0.0023)	0.0007 (0.0014)	-0.0007 (0.0009)	0.0008 (0.0018)
			男性			
Extmg	—	—	-0.0061 (0.0041)	-0.0016 (0.0021)	0.0044*** (0.0015)	0.0138*** (0.0026)
Intmg	—	—	0.0007 (0.0020)	0.0010 (0.0011)	0.0007 (0.0010)	0.0016 (0.0018)

(四) 不同教育水平检验

在中国人口红利逐步消失和大学生就业形势日益激烈的背景下，随着国内产业结构的改变，中国对不同教育水平劳动者的需求也发生了变化。对于受教育程度不同的劳动力，其就业受到中国不同对外投资扩张模式影响的程度也可能存在差异。因此，我们对不同教育水平劳动力分别进行ODI二元边际就业效应的检验，具体检验结果如表6-11后四列所示。变量$Extmg$的系数在列（3）中显著为负，在列（4）中不显著，在列（5）和列（6）中均显著为正，说明扩展边际的投资扩张不利于文盲劳动力就业，但有利于中等教育水平及以上劳动力的就业，对初等教育水平的劳动力就业则无显著影响，并且，ODI扩展边际对高等教育水平劳动力就业产生的促进作用远远超过对中等教育水平劳动力就业的作用（0.0143>0.0042）。事实上，跨国公司新建海外子公司时会增加总部管理人员对接子公司，这会增加外语水平等综合素质较高的高教育水平劳动力的需要。另外，ODI扩展边际带来的逆向技术溢出使得母公司技术水平提升，也会对企业员工的教育水平有更高的要求，因此，ODI扩展边际对国内高等教育水平劳动力就业的促进作用更为明显。从表6-11中我们还可以进一步发现，投资扩展边际对文盲劳动力就业的抑制作用主要发生在女性文盲群体中。对此，一个可能的解释是男性文盲有体力优势，可以从事建筑业等体力劳动，就业范围较广，因而受对外直接投资扩展边际的冲击较小。此外，投资扩展边际对男性中等教育水平劳动力就业的促进作用略微大于对女性中等教育水平劳动力就业的作用（0.0044>0.0041），而在高等教育水平劳动力中，结论刚好相反（0.0138<0.0151）。说明在高等教育水平劳动力中，女性的竞争优势更加凸显出来。变量$Intmg$的系数在这四列中均不显著，说明不管劳动力的受教育水平如何，集约边际的投资扩张对其就业均没有显著影响。

(五) 不同所有制类型检验

中国现有经济存在各种所有制企业，不同所有制企业的员工稳定性存在很大差异。在这一部分中，我们将检验中国对外直接投资的扩展和集约边际对不同所有制企业就业的影响，具体结果如表6-12所示。变量 Extmg 的系数在列(1)、列(2)中均不显著，说明中国ODI扩展边际并不显著影响国有企业和集体企业的就业。由于国有企业和集体企业的特殊性，其员工稳定性远远大于其他类型的企业。列(3)中 Extmg 的系数显著为正，说明投资的扩展边际对除国有企业和集体企业外的其他企业的就业具有创造效应。据此，我们进一步检验了内资企业、港澳台企业和外资企业的就业效应，发现ODI扩展边际对内资企业和港澳台企业就业均有促进作用［因列(3-1)、(3-2)中 Extmg 系数显著］，且对内资企业就业的影响程度更大（0.0104>0.0085）；从性别的角度看，无论是内资企业还是港澳台企业，ODI扩展边际对男性就业的创造效应均大于对女性就业的创造效应（0.0106>0.0099；0.0093>0.0066）。事实上，在目前国内的就业环境中，女性劳动者或多或少会受到一些歧视，在同等情况下男性更容易获得工作机会。由于列(3-3)中 Extmg 系数未通过显著性检验，说明从总体上看，外资企业的就业并不受中国扩展边际的投资扩张所影响，但值得一提的是，投资的扩展边际却能显著促进外资企业中的女性就业。对此，可能的解释是女性员工在外资企业受到的歧视更少。投资集约边际变量 Intmg 的系数均不显著，说明集约边际的投资扩张对不同所有制类型企业的就业均没有明显的促进或抑制作用。

表6-12 不同所有制企业就业效应差异

	(1)	(2)	(3)	(3-1)	(3-2)	(3-3)
	国有企业	集体企业	其他	内资企业	港澳台企业	外资企业
Extmg	-0.0002 (0.0006)	-0.0003 (0.0019)	0.0090*** (0.0017)	0.0104*** (0.0025)	0.0085** (0.0032)	0.0055 (0.0037)
Intmg	0.0002 (0.0007)	-0.0016 (0.0013)	-0.0014 (0.0021)	-0.0017 (0.0023)	-0.0000 (0.0023)	0.0002 (0.0019)
控制变量	控制	控制	控制	控制	控制	控制
个体效应	控制	控制	控制	控制	控制	控制
F统计量	2.8724** [0.0254]	14.8528*** [0.0000]	114.5808*** [0.0000]	87.0691*** [0.0000]	29.4711*** [0.0000]	40.4742*** [0.0000]

续表

	(1)	(2)	(3)	(3-1)	(3-2)	(3-3)
	国有企业	集体企业	其他	内资企业	港澳台企业	外资企业
within R^2	0.1058	0.4547	0.7940	0.7633	0.5264	0.6369
样本量	300	300	300	300	300	300
女性						
$Extmg$	0.0001 (0.0005)	-0.0005 (0.0021)	0.0080*** (0.0015)	0.0099*** (0.0024)	0.0066* (0.0035)	0.0058* (0.0031)
$Intmg$	0.0001 (0.0007)	-0.0010 (0.0012)	-0.0020 (0.0020)	-0.0028 (0.0022)	-0.0005 (0.0025)	-0.0006 (0.0026)
男性						
$Extmg$	-0.0005 (0.0008)	0.0001 (0.0018)	0.0098*** (0.0019)	0.0106*** (0.0027)	0.0093*** (0.0031)	0.0060 (0.0043)
$Intmg$	0.0002 (0.0008)	-0.0015 (0.0014)	-0.0009 (0.0021)	-0.0011 (0.0023)	0.0005 (0.0023)	0.0009 (0.0017)

六、扩展分析：ODI 二元边际的工资效应

已有文献多认为一个地区的就业量与工资水平存在较大相关性，对此，在扩展性分析这一部分中，我们将对 ODI 二元边际的工资效应予以检验，比较分析 ODI 二元边际工资效应与就业效应的差异。检验的计量模型设定如下：

$$Wage_{it} = \alpha + \beta_1 Extmg_{it} + \beta_2 Intmg_{it} + \beta_3 Edu_{it} + \beta_4 Unemp_{it} + \beta_5 Welf_{it} + \mu_i + \varepsilon_{it} \quad (6-5)$$

其中，被解释变量 $Wage$ 为工资水平，用城镇单位就业人员平均工资度量；核心解释变量仍为投资的扩展边际 $Extmg$ 和集约边际 $Intmg$。i 表示省域，t 表示年份；μ_i 为省域个体效应；ε_{it} 为随机扰动项。为了控制影响工资的其他因素，在模型中加入受教育水平 Edu，失业率 $Unemp$ 和福利水平 $Welf$ 等控制变量。各省域受教育水平 Edu 用平均受教育年限度量：小学比重×6+初中比重×9+高中比重×12+大专及以上比重×16，受教育人数数据来自《中国统计年

鉴》；失业率 Unemp 用年末城镇登记失业率度量，数据来自 EPS 数据库；福利水平 Welf 的度量方式与前文一致。所有变量均采用对数形式。

由于 F 检验、LM 检验和 Hausman 检验均在 1% 的显著水平下拒绝原假设①，所以这里我们同样采用固定效应模型估计（6-5）参数。回归估计结果如表 6-13 所示，表中同时给出了 ODI 二元边际对工资影响的滞后效应检验结果。② 根据表 6-13 中列（1）结果可知，在对其他影响工资因素的变量进行控制后，变量 Extmg 和变量 Intmg 的系数均显著为正，说明无论是扩展边际还是集约边际的投资扩张，均能显著提高中国平均工资水平。显然，这不符合预期，即投资二元边际的就业效应和工资效应不存在对偶性。对此，我们的解释是，尽管 ODI 集约边际对国内就业无显著促进作用，然而通过 ODI 集约边际企业也能提高盈利水平，因而有更多的富余资金可以分享给国内的员工。从滞后效应的检验结果来看，变量 Extmg 系数在滞后 1~4 年都显著为正，而且先上升后下降，呈现倒 "U" 形趋势，表明中国对外直接投资扩展边际的工资效应存在滞后，而且滞后 1 年对工资的提升作用最大，滞后三年开始影响程度下降，并且随着时间推移工资效应消失。事实上，跨国公司新建海外投资分支当年由于子公司新成立，一般未能给母公司带来大量的利润，因而投资当年通过分享利润途径提高母公司工资的作用不强，且随着时间的推移，海外子公司趋于稳定，因而对母公司的影响力度逐步减弱。变量 Intmg 系数在滞后 1~4 年都显著为正，但呈逐年递减趋势，表明对外投资集约边际对本国劳动工资虽存在滞后影响，但力度逐渐减弱。投资的集约边际不同于扩展边际，追加投资当年就可能为母公司带来客观的利润，因而对工资的影响力度较大。

我们还进一步考察了 ODI 二元边际的工资效应在不同产业或行业、不同技术属性或不同要素密集度的制造业或服务业、不同所有制企业中的差异。回归结果分别如表 6-14、表 6-15 和表 6-16 所示。

---

① F 检验：F (29, 265) = 17.52 (0.0000)；LW 检验：Chi^2 (1) = 307.26 (0.0000)；Hausman 检验：Chi^2 (5) = 16.86 (0.0048)。

② 滞后四年以上的核心变量系数不显著，因此表 6-13 未列示相应结果。

第六章 中国对外直接投资的就业效应

表 6-13 ODI 二元边际对工资的当期、滞后效应检验结果

	(1)	(2)	(3)	(4)	(5)
	当年	滞后 1 年	滞后 2 年	滞后 3 年	滞后 4 年
$Extmg$	0.0061*** (0.0017)	0.0109*** (0.0016)	0.0087*** (0.0017)	0.0042** (0.0017)	0.0038** (0.0016)
$Intmg$	0.0042*** (0.0011)	0.0041*** (0.0014)	0.0036** (0.0014)	0.0021* (0.0011)	0.0035** (0.0014)
控制变量	控制	控制	控制	控制	控制
个体效应	控制	控制	控制	控制	控制
F 统计量	91.3898*** [0.0000]	158.1017*** [0.0000]	62.5602*** [0.0000]	56.3263*** [0.0000]	42.5798*** [0.0000]
within R^2	0.7823	0.7659	0.7153	0.6449	0.5383
样本量	300	270	240	210	180

(1) 不同产业/行业检验。根据表 6-14 前三列结果可知，对外投资的扩展边际和集约边际对中国三大产业的平均工资均有显著提升作用，但第一产业、第二产业、第三产业的工资效应依次递减，并且对于任一产业，投资扩展边际对工资的提升作用总高于投资集约边际的作用。表 6-14 后两列中，制造业工资对 ODI 两个边际的弹性系数均大于非制造业工资的弹性系数。此外，无论是制造业还是非制造业，投资扩展边际对其工资的影响程度均高于集约边际对其的影响程度。主要的原因是 ODI 二元边际对制造业就业的促进作用强于非制造业，扩展边际对就业的促进作用强于集约边际。

表 6-14 不同行业工资效应差异

	(1)	(2)	(3)	(4)	(5)
	第一产业	第二产业	第三产业	制造业	非制造业
$Extmg$	0.0070*** (0.0015)	0.0068*** (0.0014)	0.0056*** (0.0019)	0.0071*** (0.0013)	0.0060*** (0.0019)
$Intmg$	0.0052*** (0.0014)	0.0043*** (0.0011)	0.0042*** (0.0011)	0.0045*** (0.0013)	0.0040*** (0.0011)

中国对外直接投资的经济效应

续表

	(1)	(2)	(3)	(4)	(5)
	第一产业	第二产业	第三产业	制造业	非制造业
控制变量	控制	控制	控制	控制	控制
个体效应	控制	控制	控制	控制	控制
F统计量	60.0827*** [0.0000]	81.0848*** [0.0000]	67.8098*** [0.0000]	78.9524*** [0.0000]	89.1122*** [0.0000]
within R^2	0.73	0.7783	0.7757	0.7755	0.7763
样本量	300	300	300	300	300

（2）不同特征制造业、服务业检验。根据表6-15的结果，对外投资的扩展边际和集约边际均有利于不同技能水平制造业和服务业工资水平的提升。但是，首先，相比服务业，投资两个边际对制造业工资水平的提升效果更为明显。其次，不管是制造业还是服务业，低技能行业工资水平受到的影响更大。最后，同一行业同一技能水平，投资扩展边际相比投资集约边际对工资的影响力度更大。这说明中国通过对外直接投资二元边际强化的仍然是技术水平较低的行业，且扩展边际对这些低技能行业的影响力度更大。观察表6-15中列（3）和列（4）结果发现，对于要素密集度不同的制造业，投资集约边际对其工资水平不仅影响方向一致，而且影响力度也一样；而相比资本密集型制造业，投资扩展边际对劳动密集型制造业工资水平的提升幅度更大。可能的原因是ODI扩展边际对劳动密集型制造业就业的促进作用更为明显，因而工资幅度也有较大提升。

表6-15 不同特征的制造业、服务业工资效应差异

	制造业				服务业	
	(1)	(2)	(3)	(4)	(5)	(6)
	低技能	中高技能	劳动密集型	资本密集型	低技能	中高技能
Extmg	0.0074*** (0.0020)	0.0066*** (0.0010)	0.0070*** (0.0015)	0.0065*** (0.0013)	0.0050*** (0.0013)	0.0036** (0.0018)

续表

	制造业				服务业	
	（1）	（2）	（3）	（4）	（5）	（6）
	低技能	中高技能	劳动密集型	资本密集型	低技能	中高技能
Intmg	0.0046*** (0.0014)	0.0039*** (0.0011)	0.0043*** (0.0012)	0.0043*** (0.0013)	0.0032*** (0.0008)	0.0028*** (0.0007)
控制变量	控制	控制	控制	控制	控制	控制
个体效应	控制	控制	控制	控制	控制	控制
F统计量	106.4275*** [0.0000]	99.7408*** [0.0000]	134.9766*** [0.0000]	85.9044*** [0.0000]	36.9786*** [0.0000]	40.6619*** [0.0000]
within R^2	0.7792	0.7815	0.7875	0.7674	0.7343	0.7241
样本量	300	300	300	300	300	300

（3）不同所有制类型企业检验。根据表6-16的回归结果，首先，结合前文的结论，ODI扩展边际虽然对中国国有企业和集体企业的就业没有产生显著影响，但却有利于提高它们的平均工资水平，并且对集体企业工资的提升幅度高于国有企业。说明集体企业由于其特有的性质，它们的员工能分享到更多对外直接投资扩展边际为集体企业带来的额外利润。其次，变量 Intmg 的系数在列（1）、列（2）中均显著为正，但系数大小明显低于变量 Extmg 的系数，说明投资的集约边际能促进国有企业和集体企业工资水平的提高，但效果没有采用扩展边际的投资扩张模式好。可能的原因是扩展边际通过技术逆向溢出、优化资源配置等途径对国内其他整体利润率的提高作用更为明显。最后，对于内资企业、港澳台企业和外资企业，ODI扩展边际对其工资均有显著正向作用，并且对港澳台企业工资的提升作用远远高于对内资企业和外资企业工资的作用；相反，ODI集约边际并不影响港澳台企业的工资水平，却能显著提升内资企业和外资企业的平均工资。

中国对外直接投资的经济效应

表6-16 不同所有制企业工资效应差异

	(1)	(2)	(3)	(3-1)	(3-2)	(3-3)
	国有企业	集体企业	其他	内资企业	港澳台企业	外资企业
$Extmg$	0.0055*** (0.0018)	0.0077*** (0.0021)	0.0074*** (0.0016)	0.0070*** (0.0016)	0.0114*** (0.0023)	0.0071*** (0.0016)
$Intmg$	0.0039*** (0.0012)	0.0047*** (0.0016)	0.0043*** (0.0011)	0.0043*** (0.0012)	0.0029 (0.0021)	0.0034** (0.0013)
控制变量	控制	控制	控制	控制	控制	控制
个体效应	控制	控制	控制	控制	控制	控制
F 统计量	98.2862*** [0.0000]	81.6636*** [0.0000]	73.9366*** [0.0000]	66.9735*** [0.0000]	95.3587*** [0.0000]	128.4808*** [0.0000]
within R^2	0.784	0.7684	0.7672	0.7612	0.6446	0.7336
样本量	300	300	300	300	300	300

第五节 本章小结

本章在总览国内外现有研究文献的基础上，尝试鉴别了扩展边际和集约边际两种不同的对外投资扩张模式对母国就业的影响机理。在此基础上，运用2004~2014年中国30个省域的平衡面板数据，利用固定效应模型考察了中国对外直接投资的二元边际对本国就业的影响，并借助中介效应分析方法对其作用机制进行了检测。研究结论如下：

第一，中国对外直接投资的扩展边际有利于促进本国就业，但是这种就业创造效应随着时间推移逐渐减弱；而投资集约边际对中国就业则没有显著影响。

第二，劳动生产率、出口和投资是中国对外投资扩展边际对就业产生影响的三个重要传导路径。投资的扩展边际可以通过促进本国劳动力生产率的提高、出口的增加、投资的增加进而促进就业。

第三，中国对外投资扩展边际的就业效应存在明显的行业异质性。具体表现为：首先，投资扩展边际对第二产业就业的促进作用明显大于对第三产业就业的作用，但并不影响第一产业就业。这与中国对外直接投资主要集中在第二、第三产业以及第二产业产品的可贸易性较强有关。其次，制造业就业的扩展边际投资弹性系数高于非制造业就业的投资弹性系数。再次，投资扩展边际对中高技能制造业的就业创造效应大于低技能制造业；相反，对低技能服务业的就业创造效应远高于中高技能服务业。说明对外直接投资扩展边际提高了中国制造业的整体技术水平，同时增加了餐饮娱乐等低技能服务业的需求。最后，相比资本密集型制造业，投资扩展边际对劳动密集型制造业就业的促进作用更大。

第四，对于不同性别、不同教育水平的劳动力，中国对外投资扩展边际对其就业的影响也存在差异。具体而言，首先，相比女性，投资扩展边际对男性就业的创造效应更明显。似乎说明男性劳动者在中国就业市场更具优势，在投资扩展边际新增的就业量中占据更大比例。其次，扩展边际的投资扩张不利于文盲劳动力就业；但有利于中等教育水平及以上劳动力的就业，并且对高等教育水平劳动力就业产生的促进作用更大；对初等教育水平劳动力的就业则无显著影响。说明投资扩展边际使得中国就业市场对劳动者的综合素质有了更高的要求。

第五，中国对外投资扩展边际的就业效应存在显著的企业异质性。中国国有企业和集体企业的就业不受对外投资扩展边际的影响，而扩展边际对内资企业和港澳台企业就业均有促进作用，且对内资企业就业的影响程度更大。这体现了国有企业和集体企业由于其本身的特点，其员工的就业黏性相当强，受对外直接投资的影响较弱。

此外，中国对外投资的两个边际均能显著提高本国平均工资水平，并且扩展边际的工资效应大于集约边际的工资效应。扩展边际的工资效应先上升后下降，呈现倒"U"形趋势；而集约边际的工资效应呈逐年递减趋势。对外投资二元边际的工资效应也因行业、劳动力、企业的不同而具有显著差异。

第七章 研究结论、政策建议和研究展望

第一节 研究结论

本书主要研究了四个方面的内容：第一，中国对外直接投资二元边际的路径特征；第二，中国对外直接投资二元边际的逆向技术溢出效应；第三，中国对外直接投资二元边际的出口效应；第四，中国对外直接投资二元边际的就业效应。本节对以上内容的研究结论进行简要概括。

一、中国对外直接投资结构特征

从全球的角度来说，2004~2015年中国对外直接投资的增长主要是依靠投资的扩展边际，而集约边际的贡献相对较小。相比非"一带一路"国家，中国在"一带一路"国家的投资偏少，并且长期以集约边际为主要扩张方式，"一带一路"倡议的落实有利于扭转这种增长的路径。由于地理位置的差异，中国对各大洲投资增长的路径有所不同。对北美洲和欧洲的投资增长由集约边际推动，相反，对亚洲、大洋洲、非洲和拉丁美洲投资增长的主要动力来源是扩展边际。对于不同发达程度的经济体，中国直接投资的增长路径特征也各异。对于发达经济体，集约边际对投资增长的贡献更大，2012年开始两个边

中国对外直接投资的经济效应

际贡献相当。对于转型经济体,集约边际同样是中国对其投资增长的主要推动力,但其贡献远超过扩展边际贡献。对于发展中经济体,则主要依赖扩展边际的投资扩张模式。此外,从政府的管理权限看,中央企业和地方企业对外直接投资的增长路径也不尽相同。中央企业投资的增长呈阶梯状,在低速和高速增长区间内以集约边际为主要投资扩张模式,而在 2008 年全球金融危机后五年的中速增长区间内以扩展边际为主;相较而言,两个边际对地方企业对外投资增长的贡献相当。但是,不同区域的地方企业的对外扩张,其二元边际结构也不同。具体而言,东部地区投资的增长路径与地方企业总体路径特征基本一致。中部和西部地区的对外投资虽然都是以集约边际为主要投资扩张模式,但是中部扩展边际与集约边际的贡献差距不大,而西部两者相距甚远。

二、中国对外直接投资与技术溢出

首先,从整体上看,中国的对外直接投资具有积极的逆向技术溢出效应,并且往期 ODI 和新增 ODI 获得的国外研发资本均对中国的技术创新能力有提升作用。进一步地,将新增 ODI 的溢出效应分解为投资集约边际的溢出效应和投资扩展边际的溢出效应后发现,扩展边际的投资扩张模式对中国的技术创新有促进作用,但集约边际的扩张模式促进作用不明显。其次,通过对外直接投资获得的国外研发资本同时有助于提升中国技术创新效率,但这种提升作用主要来自于往期投资。新增投资中虽然扩展边际的扩张模式提高了中国技术的投入产出效率,但集约边际的扩张模式却起到了反向的作用,因而整体上对中国技术创新效率的影响甚微。再次,国内研发资本存量与中国技术创新能力和技术创新效率均呈正相关关系,加大国内研发投入将有助于推动中国技术创新、提高技术创新效率,并且,这种推动促进作用显著大于对外直接投资的作用。最后,对外直接投资、引进外资和进口三种国际技术溢出渠道中,引进外资对中国技术创新能力的提升作用最大,对外直接投资次之,进口不存在明显的技术外溢效应。

三、中国对外直接投资与出口

从整体上看,中国对外直接投资的扩展边际对出口具有互补效应,而投资的集约边际对出口则具有替代效应。出口产品类型、东道国收入水平、投资动机的异质性会对中国ODI二元边际的出口效应产生影响。具体而言,首先,出口产品类型异质性。其一,中国对外直接投资的扩展边际对中国技术型产品的出口具有显著的促进作用,但不影响非技术型产品的出口;而投资的集约边际不管是对技术型还是非技术型产品都具有显著的出口替代效应。其二,扩展边际的对外投资扩张有利于带动中国中间品和资本品的出口;集约边际仅对中间品的出口具有创造效应,对资本品的出口为替代效应;但两个投资边际对消费品出口均没有显著影响。其次,东道国收入水平异质性。其一,以扩展边际的方式投资中低收入国家有利于促进出口,但投资高收入国家会抑制出口;以集约边际的方式投资低收入和高收入国家对出口的作用不明显,而投资中等收入国家会对出口形成替代。其二,目前无论是扩展边际还是集约边际,中国在"一带一路"国家的投资均对出口没有显著影响;而以扩展边际的方式投资非"一带一路"国家会促进中国向这些国家的出口,以集约边际的方式则会削减出口。最后,投资动机的异质性。资源寻求型ODI和效率寻求型ODI均能增强扩展边际的出口创造效应和集约边际的出口替代效应。市场寻求型ODI则会对扩展边际的出口创造效应和集约边际的出口替代效应产生抑制作用。

四、中国对外直接投资与就业

中国对外直接投资的扩展边际有利于促进该国就业,但是这种就业创造效应随着时间推移逐渐减弱;而投资集约边际对中国就业则没有显著影响。劳动生产率、出口和投资是中国对外投资扩展边际对就业产生影响的三个重要传导路径,投资的扩展边际可以通过促进本国劳动力生产率的提高、出口的增加、投资的增加进而促进就业。投资扩展边际的就业效应存在明显的行业、劳动力、企业异质性。具体而言，首先，行业异质性。第一，投资扩展边际对第二产业就业的促进作用明显大于对第三产业就业的作用，但并不影响第一产业就业。第二，制造业就业的扩展边际投资弹性系数高于非制造业就业的投资弹性系数。第三，投资扩展边际对中高技能制造业的就业创造效应大于低技能制造业；相反，对低技能服务业的就业创造效应远高于中高技能服务业。第四，相比资本密集型制造业，投资扩展边际对劳动密集型制造业就业的促进作用更大。其次，劳动力异质性。相比女性，投资扩展边际对男性就业的创造效应更明显。扩展边际的投资扩张不利于文盲劳动力就业；但有利于中等教育水平及以上劳动力的就业，并且对高等教育水平劳动力就业产生的促进作用更大；对初等教育水平劳动力的就业则无显著影响。最后，企业异质性。中国国有企业和集体企业的就业不受对外投资扩展边际的影响，而扩展边际对内资企业和港澳台企业就业均有促进作用，而且对内资企业就业的影响程度更大。此外，中国对外投资的两个边际均能显著提高本国平均工资水平，并且扩展边际的工资效应大于集约边际的工资效应。扩展边际的工资效应先上升后下降，呈现倒"U"形趋势；而集约边际的工资效应呈现逐年递减趋势。对外投资二元边际的工资效应也因行业、劳动力、企业的不同而具有显著差异。

第二节　政策建议

针对上述结论，本书提出如下政策建议。

一、中国对外直接投资对母国技术影响的政策建议

"中国制造"早已遍布全球各国，然而，在很多领域中国还是未能掌握其核心技术以及高端产品的制作，从整体来看，中国制造业仍然是大而不强。除

了通过税收优惠、财政补贴等手段刺激国内自主创新外，通过对外直接投资获取国外先进技术也是提升中国技术水平的重要途径之一，我们的政策建议如下：

第一，鼓励有实力的企业"走出去"。本书研究表明，对外直接投资存量特别是往期投资对中国技术创新存在促进作用；同时，对中国技术创新效率也有正向影响。对有实力的企业，特别是研究能力较强的企业，可以鼓励其到研发环境较好的发达国家单独或者与东道国企业合作建立研发机构，充分利用东道国的人力资本和创新环境，并将研发成果通过跨国公司内部反馈给母公司，最终达到提升中国企业技术创新能力的目的。

第二，企业进行对外直接投资时，鼓励企业多建立投资分支。本书研究结果还表明，当年新增对外直接投资中，扩展边际和集约边际对中国技术创新的推动作用是有差异的，扩展边际对中国技术创新有正向影响，而集约边际无显著作用。多建立投资分支能使跨国公司与更多的东道国建立联系，开拓企业的研发视野，使企业有更多的机会获取东道国技术进而推动企业技术水平的进步。对迫切需要的东道国技术，除了通过国际技术市场直接购买国外先进技术外，也可以通过 ODI 扩展边际特别是跨国并购的方式获取东道国的技术。

第三，加大国内研发投入。本书研究发现，国内研发存量对中国技术创新的推动作用大于对外直接投资。因而，中国应加大科研投入，除了对高校等科研单位的直接投入外，还可以通过税收优惠、财政补贴等方式降低企业科研成本，鼓励更多的企业进行研发试验。

二、中国对外直接投资对母国出口影响的政策建议

在中国人口红利逐渐消失的大背景下，依靠出口劳动密集型产品参与全球贸易的优势已经不再，中国出口面临着更为严峻的形势。当前中国出口正处于结构转型期，如何通过对外直接投资促进出口从而拉动中国经济继续增长显得十分重要。对此，本节提出如下政策建议。

中国对外直接投资的经济效应

第一，鼓励对外直接投资企业建立多个投资分支。本书研究表明，中国对外直接投资的扩展边际存在显著的出口创造效应。因此鼓励企业多建立投资分支一方面能带动子公司创立初期所需生产资料的出口，消化国内过剩产能；另一方面通过扩大投资范围能使中国品牌产品的生产过程更好地展示给东道国，提高中国品牌的知名度。对企业而言，分散投资也能起到降低投资风险的作用。

第二，引导企业谨慎追加投资。中国对外直接投资的集约边际对出口有显著的替代作用，对一个海外子公司一味追加投资最终会导致母公司将大量生产线甚至整个企业搬迁到东道国，这势必会造成国内就业和产出的减少，不利于中国出口和经济发展。中国政府可出台相关政策适当引导对外投资企业将母公司主体生产活动留在国内，防止出现"制造业空心化"的现象。

第三，鼓励企业加大研发投入，促进产业升级。中国对外投资扩展边际的出口创造效应在技术型产品中表现得尤为突出，而在高收入国家的投资却未对出口有明显促进作用，说明中国技术型产品在高收入国家竞争力不强。因此，通过加大税收优惠力度等手段鼓励企业增加研发投入提高产品竞争力，将是中国出口持续增长的重要动力来源。

第四，鼓励有实力的企业进行全球化生产。无论是投资的扩展边际还是集约边际，均对中国中间品出口有显著促进作用，且资源寻求型和效率寻求型ODI对扩展边际的出口创造效应均有增强作用。对国有企业、上市公司等实力较强的企业，可以鼓励它们根据全球各国资源分配情况与企业自身特点进行全球化生产，将资源密集型生产环节安排在自然资源丰富的国家，劳动密集型生产环节配置在廉价劳动力的东道国，从而提升母公司的效率和产品竞争力，也能促进中国中间品、资本品的出口。

第五，鼓励市场寻求型特别是销售型分支机构的投资。市场寻求型ODI虽然对扩展边际的出口创造效应存在一定的抑制作用，但也有效减缓了集约边际的出口替代效应，特别是销售型分支机构在集约边际的出口替代中发挥着重要缓解作用。

第六，加大对"一带一路"国家的投资。中国对"一带一路"国家的投资以基建和能源类投资为主,目前投资体量较小,预期加大投资力度将能有效带动中国生产设备和生产技术的出口。

三、中国对外直接投资对母国就业影响的政策建议

自2012年开始,中国劳动年龄人口总量逐年下降,然而由于适龄劳动人口受教育水平稳步提升等原因,进入劳动市场的时间普遍较晚,每年高校毕业生等新进入劳动市场的就业人数仍处于高位,中国总体就业压力仍然较大。如何通过政策引导解决好国内就业问题,降低失业率是各地政府的重中之重。本书从对外直接投资二元边际的角度提出了政策建议。

第一,鼓励国内企业进行扩展边际的投资扩张,采取相关政策降低跨国企业建立海外投资分支的成本。根据本书研究结果,中国对外直接投资扩展边际对国内就业有显著提升作用,且具有一定持续性,这能有效减缓中国当前劳动力市场的就业压力。

第二,加大教育投入,提高中国劳动者教育水平。我们的研究结果还发现,扩展边际对国内就业的促进作用与劳动者学历成正比,说明扩展边际对当前大学生就业压力也有缓解作用。然而扩展边际对初等教育水平及以下劳动者的就业不存在促进作用,甚至阻碍了文盲劳动者的就业。因而需要加大教育投资,提高中国劳动者的综合素质,使得国内劳动者特别是低教育水平劳动者能适应对外直接投资后国内就业环境的变化。

第三,加大研发支出,推动产业升级转型。ODI扩展边际对中国就业市场的促进作用主要体现在制造业,尤其是劳动密集型制造业,说明劳动力比较优势仍然是中国参与国际竞争的主要动力。中国应该加大科研投入,缩小与发达国家之间的技术差距。通过增强中国跨国公司综合竞争力从而提高企业对劳动力的需求量。此外,技术水平的提升可以推动中国产业结构的升级转型,增加更多的服务业岗位。

第三节 研究展望

本书主要从二元边际的视角研究了中国对外直接投资的增长路径特征以及宏观经济效应。尽管全书已经展开了翔实的分析和探讨,但受限于个人学术能力以及客观数据的可获得性,我们的研究还存在一些不足和亟待完善的地方,这也是未来研究的方向。具体而言,主要包括以下几个方面:

第一,关于对外直接投资二元边际与技术、出口和就业的关系仍然需要更为科学的理论佐证。尽管本书是在已有文献的基础上对对外直接投资扩展边际、集约边际作用母国技术、出口和就业的传导机制进行鉴别,但是真实经济世界更为复杂,存在遗漏其他重要影响机制的可能。此外,部分问题尚缺乏数理模型的支撑。在对投资二元边际之经济效应传导机制的梳理中,出口效应和就业效应部分没有通过严格的数理模型推导获得相应结论,而是基于中国对外直接投资二元边际的定义,在已有文献中筛选、提炼相关论点,通过归纳总结的方式阐述可能的作用机理。殊途同归,虽然均能清楚呈现投资二元边际对出口、就业影响的内在机制,但相比于完整的数理推导过程,仍缺乏严谨性,也显得比较凌乱。所以,进一步夯实中国对外直接投资二元边际经济效应的理论基础;捕捉未触及的重要传导路径,完善影响机制分析;对理论机制进行抽象、提炼形成数理模型,通过严密的逻辑推导获得确定性的影响方向,减少主观误判的可能,这将是后续一个重要的努力方向。

第二,目前中国对外直接投资相关数据很多尚未统计和公开,这给本书研究造成了一定的困扰。首先,在对外直接投资二元边际的测算中需要用到中国在各个国家、中国各省域投资设立的境外企业数量,而这个数据并没有完全公布。因此本书以商务部公布的《境外投资企业(机构)名录》(以下简称《名录》)核准的各国境外中资企业数量占比将《中国对外直接投资统计公报》中所给中国境外企业总数分摊到各个国家,以《名录》中隶属于同一个省域的境

第七章 研究结论、政策建议和研究展望

内投资主体数量占比将境外中资企业总数分摊到各个省域,以此分别近似估计中国在各个国家、中国各省域设立的境外投资企业数量。这样的处理具有一定的合理性,并不会对研究结论造成太大的影响,但是,如果能获得更为精确的境外企业数量数据,那么所得到的研究结论将更具说服力。其次,由于企业微观层面的对外直接投资数据获取困难,所以本书是基于宏观层面的研究。虽然宏观层面的研究具有其独特的优势,比如对外投资的就业效应不仅会出现在同一跨国企业的母子公司之间,也可能存在于跨国公司与上下游非跨国公司之间,宏观层面的研究能充分考虑到产业的关联效应,但也存在不足之处,比如在探讨不同企业所有制类型的就业效应时,我们并不能区分某种所有制类型企业的 ODI 对其就业的直接影响,只能较为粗糙地分析总的 ODI 对该类企业就业的作用。如果能获取微观企业层面的相关数据,将宏观分析与微观分析有机结合,将能使研究进一步深入,此外还可以结合企业异质性看待中国二元边际的投资扩张问题。当然,随着这些数据的逐步完善和开放,后续研究可以从这个方向进行扩展。

第三,研究内容扩展的方向。2015 年中国对"一带一路"国家的投资流量达 189.3 亿美元,同比增长 38.6%。随着"一带一路"建设的推进,以"一带一路"沿线国家作为研究对象,探讨中国对这些国家投资二元边际所带来的经济效应将是非常有价值的,所得结论将能为今后政策的调整提供必要的理论依托。根据第三章的分析,虽然中国对这些国家的投资中集约边际仍占主导地位,但可以预期,随着"一带一路"建设的深入,扩展边际的贡献将逐步提高。如果能进一步区分扩展边际中绿地投资和跨国并购的份额,探讨扩展边际中两种不同的投资进入模式给中国带来的经济效应差异同样会是有益的研究。囿于数据的可得性,目前还无法展开研究,但是可以作为后续研究的一个重要方向。此外,本书的研究主要是基于中国的经济实践,而没有进行国际的对比,因此,将中国对外直接投资的增长路径以及二元边际的经济效果同国际发达与发展中国家进行横向对比也是未来研究的方向之一。

参考文献

[1] 李俊. 中国全要素生产率增长的理论和实证研究：基于服务开放影响的研究 [M]. 北京：人民出版社，2019.

[2] [日] 小岛清. 对外贸易论 [M]. 周宝廉译. 天津：南开大学出版社，1987.

[3] 蔡冬青，刘厚俊. 中国 OFDI 反向技术溢出影响因素研究——基于东道国制度环境的视角 [J]. 财经研究，2012（5）.

[4] 蔡锐，刘泉. 中国的国际直接投资与贸易是互补的吗？——基于小岛清"边际产业理论"的实证分析 [J]. 世界经济研究，2004（8）.

[5] 柴庆春，胡添雨. 中国对外直接投资的贸易效应研究——基于对东盟和欧盟投资的差异性的考察 [J]. 世界经济研究，2012（6）.

[6] 陈立敏，杨振，侯再平. 出口带动还是出口代替？——中国企业对外直接投资的边际产业战略检验 [J]. 财贸经济，2010（2）.

[7] 陈培如，冼国明，胡雁斌. 中国 OFDI 的增长路径研究——基于二元边际的分析视角 [J]. 亚太经济，2016（4）.

[8] 陈强，刘海峰，汪冬华，徐驰. 中国对外直接投资能否产生逆向技术溢出效应？[J]. 中国软科学，2016（7）.

[9] 陈岩，翟瑞瑞，郭牛森. 基于多元距离视角的中国对外直接投资决定因素研究 [J]. 系统工程理论与实践，2014（11）.

[10] 陈岩. 中国对外投资逆向技术溢出效应实证研究：基于吸收能力的分析视角 [J]. 中国软科学，2011（10）.

[11] 陈晔婷,邢文祥,朱锐.中国高技术企业"走出去"对研发效率的影响——基于合成控制法的研究[J].世界经济研究,2016(8).

[12] 崔敏,魏修建.吸收能力与技术结构双重机制下服务业国际溢出效应研究[J].数量经济技术经济研究,2016(2).

[13] 董有德,孟醒.OFDI、逆向技术溢出与国内企业创新能力——基于我国分价值链数据的检验[J].国际贸易问题,2014(9).

[14] 樊纲,王小鲁,张立文,朱恒鹏.中国各地区市场化相对进程报告[J].经济研究,2003(3).

[15] 顾雪松,韩立岩,周伊敏.产业结构差异与对外直接投资的出口效应——"中国—东道国"视角的理论与实证[J].经济研究,2016(4).

[16] 顾雪松,韩立岩.区域市场整合与对外直接投资的逆向溢出效应——来自中国省级行政区的经验证据[J].中国管理科学,2015(3).

[17] 何本芳,张祥.我国企业对外直接投资区位选择模型探索[J].财贸经济,2009(2).

[18] 何江,张馨之.中国区域经济增长及其收敛性:空间面板数据分析[J].南方经济,2006(5).

[19] 胡兵,邓富华.腐败距离与中国对外直接投资——制度观和行为学的整合视角[J].财贸经济,2014(4).

[20] 蒋冠宏,蒋殿春,蒋昕桐.我国技术研发型外向FDI的"生产率效应"——来自工业企业的证据[J].管理世界,2013(9).

[21] 蒋冠宏,蒋殿春.中国对外投资的区位选择:基于投资引力模型的面板数据检验[J].世界经济,2012(9).

[22] 蒋冠宏,蒋殿春.中国工业企业对外直接投资与企业生产率进步[J].世界经济,2014a(9).

[23] 蒋冠宏,蒋殿春.中国企业对外直接投资的"出口效应"[J].经济研究,2014b(5).

[24] 蒋冠宏.我国企业对外直接投资的"就业效应"[J].统计研究,2016(8).

[25] 蒋仁爱, 冯根福. 贸易、FDI、无形技术外溢与中国技术进步 [J]. 管理世界, 2012 (9).

[26] 李宏兵, 文磊. 服务业双向投资提升了我国企业创新竞争力吗？[J]. 国际经贸探索, 2016 (3).

[27] 李磊, 白道欢, 冼国明. 对外直接投资如何影响了母国就业？——基于中国微观企业数据的研究 [J]. 经济研究, 2016 (8).

[28] 李梅, 柳士昌. 对外直接投资逆向技术溢出的地区差异和门槛效应——基于中国省际面板数据的门槛回归分析 [J]. 管理世界, 2012 (1).

[29] 李梅, 柳士昌. 国际 R&D 溢出渠道的实证研究——来自中国省际面板的经验证据 [J]. 世界经济研究, 2011a (10).

[30] 李梅, 柳士昌. 人力资本与国际 R&D 溢出——基于 OFDI 传导机制的实证研究 [J]. 科学学研究, 2011b (3).

[31] 李梅, 余天骄. 海外研发投资与母公司创新绩效——基于企业资源和国际化经验的调节作用 [J]. 世界经济研究, 2016 (8).

[32] 李梅. 国际 R&D 溢出与中国技术进步——基于 FDI 和 OFDI 传导机制的实证研究 [J]. 科研管理, 2012 (4).

[33] 李梅. 人力资本、研发投入与对外直接投资的逆向技术溢出 [J]. 世界经济研究, 2010 (10).

[34] 李思慧. 国际化路径是否影响了企业创新选择 [J]. 国际贸易问题, 2014 (9).

[35] 李杏, 钟亮. 对外直接投资的逆向技术溢出效应研究——基于中国行业异质性的门槛回归分析 [J]. 山西财经大学学报, 2016 (11).

[36] 林志帆. 中国的对外直接投资真的促进出口吗？[J]. 财贸经济, 2016 (2).

[37] 刘宏, 张蕾. 中国 ODI 逆向技术溢出对全要素生产率的影响程度研究 [J]. 财贸经济, 2012 (1).

[38] 刘再起, 谢润德. 中国对东盟 OFDI 的国别贸易效应实证分析 [J]. 世界经济研究, 2014 (6).

[39] 陆铭,高虹,佐藤宏. 城市规模与包容性就业 [J]. 中国社会科学, 2012 (10).

[40] 毛其淋,许家云. 中国企业对外直接投资是否促进了企业创新 [J]. 世界经济, 2014a (8).

[41] 毛其淋,许家云. 中国对外直接投资促进抑或抑制了企业出口? [J]. 数量经济技术经济研究, 2014b (9).

[42] 毛其淋,许家云. 中国企业对外直接投资如何影响了员工收入? [J]. 产业经济研究, 2014c (6).

[43] 毛其淋,许家云. 中国外向型 FDI 对企业职工工资报酬的影响:基于倾向得分匹配的经验分析 [J]. 国际贸易问题, 2014d (11).

[44] 欧阳艳艳. 中国对外直接投资逆向技术溢出的影响因素分析 [J]. 世界经济研究, 2010 (4).

[45] 潘雄锋,闫窈博,王冠. 对外直接投资、技术创新与经济增长的传导路径研究 [J]. 统计研究, 2016 (8).

[46] 潘镇,金中坤. 双边政治关系、东道国制度风险与中国对外直接投资 [J]. 财贸经济, 2015 (6).

[47] 齐亚伟. 研发创新背景下中国企业对外直接投资的学习效应研究 [J]. 国际贸易问题, 2016 (2).

[48] 乔晶,胡兵. 对外直接投资如何影响出口——基于制造业企业的匹配倍差检验 [J]. 国际贸易问题, 2015 (4).

[49] 沙文兵. 东道国特征与中国对外直接投资逆向技术溢出——基于跨国面板数据的经验研究 [J]. 世界经济研究, 2014 (5).

[50] 沙文兵. 对外直接投资、逆向技术溢出与国内创新能力——基于中国省际面板数据的实证研究 [J]. 世界经济研究, 2012 (3).

[51] 唐东波. 全球化对中国就业结构的影响 [J]. 世界经济, 2011 (9).

[52] 王杰,刘斌,孙学敏. 对外直接投资与企业出口行为——基于微观企业数据的经验研究 [J]. 经济科学, 2016 (1).

[53] 王胜,田涛,谢润德. 中国对外直接投资的贸易效应研究 [J]. 世

界经济研究, 2014 (10).

[54] 王英, 刘思峰. 国际技术外溢渠道的实证研究 [J]. 数量经济技术经济研究, 2008 (4).

[55] 王永钦, 杜巨澜, 王凯. 中国对外直接投资区位选择的决定因素: 制度、税负和资源禀赋 [J]. 经济研究, 2014 (12).

[56] 吴亮, 吕鸿江. 网络外部性对中国企业海外投资区位选择的影响 [J]. 财贸经济, 2015 (3).

[57] 吴延兵. 自主研发、技术引进与生产率 [J]. 经济研究, 2008 (8).

[58] 项本武. 中国对外直接投资的贸易效应研究——基于面板数据的协整分析 [J]. 财贸经济, 2009 (4).

[59] 肖慧敏, 刘辉煌. 中国对外直接投资提升了企业效率吗? [J]. 财贸经济, 2014a (5).

[60] 肖慧敏, 刘辉煌. 中国企业对外直接投资的学习效应研究 [J]. 财经研究, 2014b (4).

[61] 肖文, 林高榜. 海外研发资本对中国技术进步的知识溢出 [J]. 世界经济, 2011 (1).

[62] 谢杰, 刘任余. 基于空间视角的中国对外直接投资的影响因素与贸易效应研究 [J]. 国际贸易问题, 2011 (6).

[63] 严兵, 张禹, 李雪飞. 中国企业对外直接投资的生产率效应——基于江苏省企业数据的检验 [J]. 南开经济研究, 2016 (4).

[64] 杨全发, 陈平. 外商直接投资对中国出口贸易的作用分析 [J]. 管理世界, 2005 (5).

[65] 叶娇, 赵云鹏. 对外直接投资与逆向技术溢出——基于企业微观特征的分析 [J]. 国际贸易问题, 2016 (1).

[66] 衣长军, 李赛, 张吉鹏. 制度环境、吸收能力与新兴经济体 OFDI 逆向技术溢出效应——基于中国省际面板数据的门槛检验 [J]. 财经研究, 2015 (11).

[67] 尹东东, 张建清. 我国对外直接投资逆向技术溢出效应研究——基于吸收能力视角的实证分析 [J]. 国际贸易问题, 2016 (1).

[68] 袁其刚, 樊娜娜. 企业对外直接投资目的地选择的生产率效应 [J]. 中南财经政法大学学报, 2016 (1).

[69] 袁其刚, 商辉, 张伟. 对外直接投资影响工资水平的机制探析 [J]. 世界经济研究, 2015 (11).

[70] 张川川. 地区就业乘数: 制造业就业对服务业就业的影响 [J]. 世界经济, 2015 (6).

[71] 张春萍. 中国对外直接投资的贸易效应研究 [J]. 数量经济技术经济研究, 2012 (6).

[72] 张海波, 彭新敏. ODI 对我国的就业效应——基于动态面板数据模型的实证研究 [J]. 财贸经济, 2013 (2).

[73] 张宏, 王建. 东道国区位因素与中国 OFDI 关系研究——基于分量回归的经验证据 [J]. 中国工业经济, 2009 (6).

[74] 张纪凤, 黄萍. 替代出口还是促进出口——我国对外直接投资对出口的影响研究 [J]. 国际贸易问题, 2013 (3).

[75] 张建刚, 康宏, 康艳梅. 就业创造还是就业替代——OFDI 对中国就业影响的区域差异研究 [J]. 中国人口·资源与环境, 2013 (1).

[76] 张军, 吴桂英, 张吉鹏. 中国省际物质资本存量估算: 1952-2000 [J]. 经济研究, 2004 (10).

[77] 张如庆. 中国对外直接投资与对外贸易的关系分析 [J]. 世界经济研究, 2005 (3).

[78] 张应武. 对外直接投资与贸易的关系: 互补或替代 [J]. 国际贸易问题, 2007 (6).

[79] 赵伟, 古广东, 何元庆. 外向 FDI 与中国技术进步: 机理分析与尝试性实证 [J]. 管理世界, 2006 (7).

[80] 郑展鹏. 国际技术溢出渠道对我国技术创新影响的比较研究——基于省际面板数据模型的分析 [J]. 科研管理, 2014 (4).

[81] 周海川. 政府协议、制度环境与外商土地投资 [J]. 财贸经济, 2014 (8).

[82] 周昕, 牛蕊. 中国企业对外直接投资及其贸易效应——基于面板引力模型的实证研究 [J]. 国际经贸探索, 2012 (5).

[83] 宗芳宇, 路江涌, 武常岐. 双边投资协定、制度环境和企业对外直接投资区位选择 [J]. 经济研究, 2012 (5).

[84] Acs, Z. J., Anselin, L. and Varga, A.. Patents and Innovation Counts as Measures of Regional Production of New Knowledge [J]. Research Policy, 2002, 31 (7).

[85] Adler, M. and Stevens, G.. The Trade Effects of Direct Investment [J]. Journal of Finance, 1974, 29 (2).

[86] Aghion, P. and Howitt, P.. A Model of Growth Through Creative Destruction [J]. Econometrica, 1992, 60 (2).

[87] Aghion, P., Howitt, P., Brant-Collett, M., et al.. Endogenous Growth Theory [M]. Cambridge: MIT Press, 1998.

[88] Ahmad, F., Draz, M. U. and Yang, S. C.. A Novel Study on OFDI and Home Country Exports: Implications for the ASEAN Region [J]. Journal of Chinese Economic and Foreign Trade Studies, 2016, 9 (2).

[89] Ambos, T. C., Ambos, B. and Schlegelmilch, B. B.. Learning from Foreign Subsidiaries: An Empirical Investigation of Headquarters' Benefits from Reverse Knowledge Transfers [J]. International Business Review, 2006, 15 (3).

[90] Amiti, M. and Wakelin, K.. Investment Liberalization and International Trade [J]. Journal of International Economics, 2003, 61 (1).

[91] Andersson, U., Dellestrand, H. and Pedersen, T.. The Contribution of Local Environments to Competence Creation in Multinational Enterprises [J]. Long Range Planning, 2014, 47 (1).

[92] Ang, J. B. and Madsen, J. B.. International R&D Spillovers and Productivity Trends in the Asian Miracle Economies [J]. Economic Inquiry, 2013, 51 (2).

[93] Araujo, J., Lastauskas, P. and Papageorgiou, C.. Evolution of Bilateral Capital Flows to Developing Countries at Intensive and Extensive Margins [R].

Cambridge Working Paper, 2015.

[94] Arellano, M. and Bover, O.. Another Look at the Instrumental Variable Estimation of Error-Components Models [J]. Journal of Econometrics, 1995, 68 (1).

[95] Bajo-Rubio O., Diaz-Mora C.. On the Employment Effects of Outward FDI: The Case of Spain, 1995–2011 [J]. Applied Economics, 2015, 47 (21).

[96] Becker, S.O. and Muendler, M.A.. The Effect of FDI on Job Security [J]. The BE Journal of Economic Analysis & Policy, 2008, 8 (1).

[97] Becker, S.O., Ekholm, K., Jäckle, R., et al.. Location Choice and Employment Decisions: A Comparison of German and Swedish Multinationals [J]. Review of World Economics, 2005, 141 (4).

[98] Belderbos, R., Roy, V.V. and Duvivier, F.. International and Domestic Technology Transfers and Productivity Growth: Firm Level Evidence [J]. Industrial and Corporate Change, 2013, 22 (1).

[99] Berden, K., Bergstrand, J.H. and Etten, E.. Governance and Globalisation [J]. The World Economy, 2014, 37 (3).

[100] Bergsten, C.F., Horst, T. and Moran, T.H.. American Multinationals and American Interests [M]. Washington, D.C.: The Brookings Institution, 1978.

[101] Bernard, A.B., Eaton, J., Jensen, J.B. and Kortum, S.. Plants and Productivity in International Trade [J]. American Economic Review, 2003, 93 (4).

[102] Bitzer, J. and Görg, H.. Foreign Direct Investment, Competition and Industry Performance [J]. The World Economy, 2009, 32 (2).

[103] Bitzer, J. and Kerekes, M.. Does Foreign Direct Investment Transfer Technology across Borders? New Evidence [J]. Economics Letters, 2008, 100 (3).

[104] Blomström, M. and Kokko, A.. Outward Investment, Employment, and Wages in Swedish Multinationals [J]. Oxford Review of Economic Policy, 2000, 16 (3).

[105] Blomström, M.. Host Country Benefits of Foreign Investment [R]. National Bureau of Economic Research, 1991.

[106] Blomström, M., Fors, G. and Lipsey, R. E.. Foreign Direct Investment and Employment: Home Country Experience in the United States and Sweden [J]. The Economic Journal, 1997, 107 (445).

[107] Blundell, R. and Bond, S.. Initial Conditions and Moment Restrictions in Dynamic Panel Data Models [J]. Journal of Econometrics, 1998, 87 (1).

[108] Bodman, P. and Le, T.. Assessing the Roles that Absorptive Capacity and Economic Distance Play in the Foreign Direct Investment-productivity Growth Nexus [J]. Applied Economics, 2013, 45 (8).

[109] Bojnec, S. and Ferto, I.. Outward Foreign Direct Investments and Merchandise Exports: The European OECD Countries [J]. Romanian Journal of Economic Forecasting, 2014, 17 (2).

[110] Braconier, H. and Ekholm, K.. Swedish Multinationals and Competition from High- and Low- Wage Locations [J]. Review of International Economics, 2000, 8 (3).

[111] Braconier, H., Ekholm, K. and Knarvik, K. H. M.. In Search of FDI-transmitted R&D Spillovers: A Study Based on Swedish Data [J]. Review of World Economics, 2001, 137 (4).

[112] Brainard, S. L. and Riker, D. A.. Are US Multinationals Exporting US Jobs? [R]. NBER Working Paper, 1997.

[113] Branstetter, L.. Is Foreign Direct Investment a Channel of Knowledge Spillovers? Evidence from Japan's FDI in the United States [J]. Journal of International Economics, 2006, 68 (2).

[114] Braunerhjelm, P., Oxelheim, L. and Thulin, P.. The Relationship Between Domestic and Outward Foreign Direct Investment: The Role of Industry-specific Effects [J]. International Business Review, 2005, 14 (6).

[115] Bronzini, R.. The Effects of Extensive and Intensive Margins of FDI on Domestic Employment: Microeconomic Evidence from Italy [J]. The B. E. Journal of Economic Analysis & Policy, 2015, 15 (4).

[116] Bruno, G. S. F. and Falzoni, A. M.. Multinational Corporations, Wages and Employment: Do Adjustment Costs Matter? [J]. Applied Economics, 2003, 35 (11).

[117] Buch, C. M., Kesternich, I., Lipponer, A., et al.. Financial Constraints and Foreign Direct Investment: Firm-level Evidence [J]. Review of World Economics, 2014, 150 (2).

[118] Buckley, P. J. and Casson, M.. Future of the Multinational Enterprise [M]. Springer, 1976.

[119] Buckley, P. J. and Casson, M.. The Optimal Timing of a Foreign Direct Investment [J]. The Economic Journal, 1981, 91 (361).

[120] Buckley, P. J., Clegg, L. J., Cross, A. R., et al.. The Determinants of Chinese Outward Foreign Direct Investment [J]. Journal of International Business Studies, 2007, 38 (4).

[121] Burchardi, K., Chaney, T. and Hassan, T. A.. Migrants, Ancestors, and Investments [R]. NBER Working Paper, 2016.

[122] Busse, M. and Hefeker, C.. Political Risk, Institutions and Foreign Direct Investment [J]. European Journal of Political Economy, 2007, 23 (2).

[123] Castellani, D. and Pieri, F.. Outward Investments and Productivity: Evidence from European Regions [J]. Regional Studies, 2016, 50 (12).

[124] Castellani, D., Pieri, F.. Foreign Investments and Productivity: Evidence from European Regions [R]. Università di Perugia Working Paper, 2011.

[125] Caves, D. W., Christensen, L. R. and Diewert, W. E.. Multilateral Comparisons of Output, Input, and Productivity Using Superlative Index Numbers [J]. The Economic Journal, 1982, 92 (365).

[126] Caves, D. W., Christensen, L. R. and Diewert, W. E.. The Economic Theory of Index Numbers and the Measurement of Input, Output, and Productivity [J]. Econometrica, 1982, 50 (6).

[127] Cezar, R. and Escobar, O. R.. Institutional Distance and Foreign Di-

rect Investment [J]. Review of World Economics, 2015, 151 (4).

[128] Chen, M. X. and Moore, M. O.. Location Decision of Heterogeneous Multinational Firms [J]. Journal of International Economics, 2010, 80 (2).

[129] Chen, V. Z., Li, J. and Shapiro, D. M.. International Reverse Spillover Effects on Parent Firms: Evidences from Emerging-market MNEs in Developed Markets [J]. European Management Journal, 2012, 30 (3).

[130] Chen, W. and Tang, H.. The Dragon Is Flying West: Micro-level Evidence of Chinese Outward Direct Investment [J]. Asian Development Review, 2014, 31 (2).

[131] Cheng, I. and Wall, H.. Controlling for Heterogeneity in Gravity Model of Trade and Integration [J]. Review, 2005, 87 (1).

[132] Chiappini, R.. Do Overseas Investments Create or Replace Trade? New Insights from a Macro-sectoral Study on Japan [J]. The Journal of International Trade & Economic Development, 2016, 25 (3).

[133] Chung, S.. Environmental Regulation and Foreign Direct Investment: Evidence from South Korea [J]. Journal of Development Economics, 2014 (108).

[134] Chung, W. and Alcácer, J.. Knowledge Seeking and Location Choice of Foreign Direct Investment in the United States [J]. Management Science, 2002, 48 (12).

[135] Coe, D. T. and Helpman, E.. International R&D Spillovers [J]. European Economic Review, 1995, 39 (5).

[136] Coe, D. T., Helpman, E. and Hoffmaister, A. W.. North-South R&D Spillovers [J]. The Economic Journal, 1997 (107).

[137] Costa-Campi, M. T., Paniagua, J. and Trujillo-Baute, E.. Are Energy Market Integrations a Green Light for FDI? [R]. IEB Working Paper, 2015.

[138] Criscuolo, P. and Verspagen, B.. Does It Matter Where Patent Citations Come from? Inventor vs. Examiner Citations in European Patents [J]. Research Policy, 2008, 37 (10).

[139] Cuadros, A., Martín‑Montaner, J. and Paniagua, J.. Homeward Bound FDI: Are Migrants a Bridge over Troubled Finance? [J]. Economic Modeling, 2016 (58).

[140] Cuyvers, L., Soeng, R., Plasmans, J., et al.. Determinants of Foreign Direct Investment in Cambodia [J]. Journal of Asian Economics, 2011, 22 (3).

[141] Damijan J., Kostevc Č., Rojec M.. Not Every Kind of Outward FDI Increases Parent Firm Performance: The Case of New EU Member States [J]. E-merging Markets Finance and Trade, 2017, 53 (1).

[142] Daniels, J. P. and Ruhr, M.. Transportation Costs and US Manufacturing FDI [J]. Review of International Economics, 2014, 22 (2).

[143] Davidson, R. and MacKinnon, J.. Estimation and Inference in Econometrics [M]. New York: Oxford University Press, 1993.

[144] Davies, R. B., Norbäck, P. J. and Tekin-Koru, A.. The Effect of Tax Treaties on Multinational Firms: New Evidence from Microdata [J]. The World Economy, 2009, 32 (1).

[145] Davies, R. B., Siedschlag, I. and Studnicka, Z.. The Impact of Taxes on the Extensive and Intensive Margins of FDI [R]. UCD Centre for Economic Research Working Paper, 2016.

[146] Debaere, P., Lee, H. and Lee, J.. It Matters Where You Go: Outward Foreign Direct Investment and Multinational Employment Growth at Home [J]. Journal of Development Economics, 2010, 91 (2).

[147] Deng, P.. Foreign Direct Investment by Transnational from Emerging Countries: The Case of China [J]. Journal of Leadership and Organizational Studies, 2003, 10 (2).

[148] Driffield, N. and Love, J. H.. Foreign Direct Investment, Technology Sourcing and Reverse Spillovers [J]. The Manchester School, 2003, 71 (6).

[149] Driffield, N., Love, J. H. and Menghinello, S.. The Multinational Enterprise as a Source of International Knowledge Flows: Direct Evidence from Italy [J].

Journal of International Business Studies, 2010, 41 (2).

[150] Driffield, N., Love, J. H. and Taylor, K.. Productivity and Labour Demand Effects of Inward and Outward Foreign Direct Investment on UK Industry [J]. The Manchester School, 2009, 77 (2).

[151] Dunning, J. H.. Trade, Location of Economic Activity and the MNE: A Search for an Eclectic Approach [M]. Basingstoke: Palgrave Macmillan UK, 1977.

[152] Egger, P. and Merlo, V.. BITs Bite: An Anatomy of the Impact of Bilateral Investment Treaties on Multinational Firms [J]. The Scandinavian Journal of Economics, 2012, 114 (4).

[153] Eicher, T. S., Helfman, L. and Lenkoski, A.. Robust FDI Determinants: Bayesian Model Averaging in the Presence of Selection Bias [J]. Journal of Macroeconomics, 2012, 34 (3).

[154] Ekanayake, E. M., Mukherjee, A. and Veeramacheneni, B.. Trade Blocks and the Gravity Model: A Study of Economic Integration among Asian Developing Countries [J]. Journal of Economic Integration, 2010, 25 (4).

[155] Falvey, R. and Foster, N.. North-South FDI and Bilateral Investment Treaties [Z]. UNU-MERIT Working Paper, 2015.

[156] Federico, S. and Minerva, G. A.. Outward FDI and Local Employment Growth in Italy [J]. Review of World Economics, 2008, 144 (2).

[157] Felbermayr, G. J. and Kohler, W.. Exploring the Intensive and Extensive Margins of World Trade [J]. Review of World Economics, 2006, 142 (4).

[158] Filippini, C. and Molini, V.. The Determinants of East Asian Trade Flows: A Gravity Equation Approach [J]. Journal of Asian Economics, 2003, 14 (5).

[159] Fosfuri, A. and Motta, M.. Multinationals Without Advantages [J]. The Scandinavian Journal of Economics, 1999, 101 (4).

[160] Gil-Pareja, S., Vivero, R. and Paniagua, J.. The Effect of the Great Recession on Foreign Direct Investment Global Empirical Evidence with a Gravity Approach [J]. Applied Economics Letters, 2013, 20 (13).

[161] Globerman, S. and Shapiro, D.. Global Foreign Direct Investment Flows: The Role of Governance Infrastructure [J]. World Development, 2002, 30 (11).

[162] Globerman, S., Kokko, A. and Sjöholm, F.. International Technology Diffusion: Evidence from Swedish Patent Data [J]. Kyklos, 2000, 53 (1).

[163] Goh, S. K., Wong, K. N. and Tham, S. Y.. Trade Linkages of Inward and Outward FDI: Evidence from Malaysia [J]. Economic Modelling, 2013, 35 (2).

[164] Hakkala, K. N., Heyman, F. and Sjöholm, F.. Multinational Firms, Acquisitions and Job Tasks [J]. European Economic Review, 2014 (66).

[165] Hamida, L. B.. Are There Regional Spillovers from FDI in the Swiss Manufacturing Industry? [J]. International Business Review, 2013, 22 (4).

[166] Harrison, A. and McMillan, M.. Offshoring Jobs? Multinationals and US Manufacturing Employment [J]. Review of Economics and Statistics, 2011, 93 (3).

[167] Harrison, A. E., McMillan, M. S. and Null, C.. US Multinational Activity Abroad and US Jobs: Substitutes or Complements? [J]. Industrial Relations: A Journal of Economy and Society, 2007, 46 (2).

[168] Hayami, H., Nakamura, M. and Nakamura, A.. Wages, Overseas Investment and Ownership: Implications for Internal Labor Markets in Japan [J]. The International Journal of Human Resource Management, 2012, 23 (14).

[169] Head, K. and Ries, J.. Overseas Investment and Firm Exports [J]. Review of International Economics, 2001, 9 (1).

[170] Head K., Mayer T.. Illusory Border Effects: Distance Mismeasurement Inflates Estimates of Home Bias in Trade [M]. Paris: CEPII, 2002.

[171] Hecht, V., Moritz, M., Noska, P., et al.. Types of FDI and Determinants of Affiliate Size: The Classification Makes the Difference [R]. IAB Discussion Paper, 2016.

[172] Helpman, E.. A Simple Theory of International Trade with Multinational Corporations [J]. The Journal of Political Economy, 1984, 92 (3).

[173] Helpman, E. and Krugman, P. R.. Market Structure and Foreign Trade:

Increasing Returns, Imperfect Competition, and the International Economy [M]. MIT press, Cambridge, 1985.

[174] Helpman, E., Melitz, M. J. and Yeaple, S. R.. Export Versus FDI with Heterogeneous Firms [J]. American Economic Review, 2004, 94 (1).

[175] Herzer, D.. Outward FDI and Economic Growth [J]. Journal of Economic Studies, 2010, 37 (5).

[176] Herzer, D.. The Long-run Relationship Between Outward Foreign Direct Investment and Total Factor Productivity: Evidence for Developing Countries [J]. Journal of Development Studies, 2011, 47 (5).

[177] Hirsch, S.. An International Trade and Investment Theory of the Firm [J]. Oxford Economic Papers, 1976, 28 (2).

[178] Horst, T.. American Taxation of Multinational Firms [J]. American Economic Review, 1977, 67 (3).

[179] Horst, T.. Firm and Industry Determinants of the Decision to Invest Abroad: An Empirical Study [J]. The Review of Economics and Statistics, 1972, 54 (3).

[180] Horst, T.. The Industrial Composition of U.S. Exports and Subsidiary Sales to the Canadian Market [J]. American Economic Review, 1972, 62 (1).

[181] Hymer, S.. The International Operations of National Firms: A Study of Direct Foreign Investment [M]. Cambridge, MA: MIT Press, 1960.

[182] Iwasa, T. and Odagiri, H.. Overseas R&D, Knowledge Sourcing, and Patenting: An Empirical Study of Japanese R&D Investment in the US [J]. Research Policy, 2004, 33 (5).

[183] Kang, K.. Is the Relationship Between Foreign Direct Investment and Trade Different Across Developed and Developing Countries? Evidence from Korea [J]. Asian-Pacific Economic Literature, 2012, 26 (2).

[184] Keller, W.. Are International R&D Spillovers Trade-related?: Analyzing Spillovers Among Randomly Matched Trade Partners [J]. European Economic

Review, 1998, 42 (8).

[185] Kimura, F. and Kiyota, K.. Exports, FDI, and Productivity: Dynamic Evidence from Japanese Firms [J]. Review of World Economics, 2006, 142 (4).

[186] Kogut, B. and Chang, S. J.. Technological Capabilities and Japanese Foreign Direct Investment in the United States [J]. Review of Economics & Statistics, 1991, 73 (3).

[187] Kolstad I., Wiig A.. What Determines Chinese Outward FDI? [J]. Journal of World Business, 2012, 47 (1).

[188] Konings, J. and Murphy, A. P.. Do Multinational Enterprises Relocate Employment to Low-wage Regions? Evidence from European Multinationals [J]. Review of World Economics, 2006, 142 (2).

[189] Kravis, I. and Lipsey, R. E.. The Effect of Multinational Firms' Operations on Their Domestic Employment [R]. NBER Working Paper, 1988.

[190] Kwark, N. S. and Shyn, Y. S.. International R&D Spillovers Revisited: Human Capital as an Absorptive Capacity for Foreign Technology [J]. International Economic Journal, 2006, 20 (2).

[191] Le, T.. "Brain Drain" or "Brain Circulation": Evidence from OECD's International Migration and R&D Spillovers [J]. Scottish Journal of Political Economy, 2008, 55 (5).

[192] Le, T. and Bodman, P. M.. Remittances or Technological Diffusion: Which Drives Domestic Gains from Brain Drain? [J]. Applied Economics, 2011, 43 (18).

[193] Lee, G.. The Effectiveness of International Knowledge Spillover Channels [J]. European Economic Review, 2006, 50 (8).

[194] Li, C., Liu, H. and Jiang, Y.. Exchange Rate Risk, Political Environment and Chinese Outward FDI in Emerging Economies: A Panel Data Analysis [J]. Economics World, 2015, 13 (3).

[195] Lim, S. H. and Moon, H. C.. Effects of Outward Foreign Direct Invest-

ment on Home Country Exports: The Case of Korean Firms [J]. Multinational Business Review, 2001, 9 (1).

[196] Lin, A.. Trade Effects of Foreign Direct Investment: Evidence for Taiwan with Four ASEAN Countries [J]. Review of World Economics, 1995, 131 (4).

[197] Lin, C. F.. Does Chinese OFDI Really Promote Export? [J]. China Finance and Economic Review, 2016, 4 (1).

[198] Lipsey, R. E. and Weiss, M. Y.. Foreign Production and Exports in Manufacturing Industries [J]. The Review of Economics and Statistics, 1981, 63 (4).

[199] Lipsey, R. E. and Weiss, M. Y.. Foreign Production and Exports of Individual Firms [J]. The Review of Economics and Statistics, 1984, 66 (2).

[200] Lipsey, R. E.. Foreign Production by US Firms and Parent Firm Employment [R]. NBER Working Paper, 1999.

[201] Lipsey, R. E.. Outward Direct Investment and the US Economy [M]. University of Chicago Press, 1995.

[202] Lipsey, R. E., Ramstetter, E. and Blomström, M.. Outward FDI and Parent Exports and Employment: Japan, the United States, and Sweden [J]. Global Economy Quarterly, 2000, 1 (4).

[203] Liu, Q. and Lu, Y.. Firm Investment and Exporting: Evidence from China's Value-added Tax Reform [J]. Journal of International Economics, 2015, 97 (2).

[204] Liu, X. and Buck, T.. Innovation Performance and Channels for International Technology Spillovers: Evidence from Chinese High-tech Industries [J]. Research Policy, 2007, 36 (3).

[205] Liu, Z.. Foreign Direct Investment and Technology Spillover: Evidence from China [J]. Journal of Comparative Economics, 2002, 30 (3).

[206] Liu, Z., Xu, Y., Wang, P., et al.. A Pendulum Gravity Model of Outward FDI and Export [J]. International Business Review, 2016, 25 (6).

[207] Lööf, H.. Multinational Enterprises and Innovation: Firm Level Evi-

dence on Spillover via R&D Collaboration [J]. Journal of Evolutionary Economics, 2009, 19 (1).

[208] Markusen, J. R. and Svensson, L. E. O.. Trade in Goods and Factors with International Differences in Technology [J]. International Economic Review, 1985, 26 (1).

[209] Marques, M. and Pinho, C.. Effects of Corporate Taxation and Bilateral Tax Treaties on European Multinationals' Investment, 2005–2009. A Multi-Country Analysis [J]. Applied Econometrics and International Development, 2014, 14 (1).

[210] Masso, J., Varblane, U. and Vahter, P.. The Effect of Outward Foreign Direct Investment on Home-country Employment in a Low-cost Transition Economy [J]. Eastern European Economics, 2008, 46 (6).

[211] Mayer, T. and Ottaviano, G. I. P.. The Happy Few: The Internationalization of European Firms [J]. Intereconomics, 2008, 43 (3).

[212] Melitz, M. J.. The Impact of Trade on Intra-industry Reallocations and Aggregate Industry Productivity [J]. Econometrica, 2003, 71 (6).

[213] Mitze T., Naveed A., Ahmad N.. International, Intersectoral, or Unobservable? Measuring R&D Spillovers Under Weak and Strong Cross-sectional Dependence [J]. Journal of Macroeconomics, 2016 (50).

[214] Mudambi, R. and Navarra, P.. Is Knowledge Power? Knowledge Flows, Subsidiary Power and Rent-seeking within MNCs [J]. Journal of International Business Studies, 2004, 35 (5).

[215] Mudambi, R., Piscitello, L. and Rabbiosi, L.. Reverse Knowledge Transfer in MNEs: Subsidiary Innovativeness and Entry Modes [J]. Long Range Planning, 2014, 47 (1).

[216] Muendler, M. A. and Becker, S. O.. Margins of Multinational Labor Substitution [J]. American Economic Review, 2010, 100 (5).

[217] Mundell, R. A.. International Trade and Factor Mobility [J]. American Economic Review, 1957, 47 (3).

[218] Nair, S. R., Demirbag, M. and Mellahi, K.. Reverse Knowledge Transfer in Emerging Market Multinationals: The Indian Context [J]. International Business Review, 2016, 25 (1).

[219] Nakamura, M.. Globalization and Sustainability of Japan's Internal Labor Markets: Foreign Direct Investment (FDI) and Wages at Japanese Manufacturing Firms [J]. Journal of Asian and African Studies, 2013, 48 (4).

[220] Navaretti, G. B. and Castellani, D.. Investments Abroad and Performance at Home: Evidence from Italian Multinationals [R]. CEPR Discussion Papers, 2004.

[221] Ni, B., Todo, Y. and Inui, T.. How Effective are Investment Promotion Agencies? Evidence from China [J]. The Japanese Economic Review, 2016.

[222] Nishitateno, S.. Global Production Sharing and the FDI-trade Nexus: New Evidence from the Japanese Automobile Industry [J]. Journal of the Japanese and International Economies, 2013 (27).

[223] Oberhofer, H. and Pfaffermayr, M.. FDI Versus Exports: Multiple Host Countries and Empirical Evidence [J]. The World Economy, 2012, 35 (3).

[224] Paniagua, J. and Sapena, J.. Is FDI Doing Good? A Golden Rule for FDI Ethics [J]. Journal of Business Research, 2014, 67 (5).

[225] Paniagua, J., Mas-Tur, A. and Sapena, J.. Is Social Entrepreneurship a Greenfield for Foreign Direct Investment? A Conceptual and Empirical Analysis [J]. Canadian Journal of Administrative Sciences, 2015, 32 (4).

[226] Park, J.. International Student Flows and R&D Spillovers [J]. Economics Letters, 2004, 82 (3).

[227] Petit M. L., Sanna-Randaccio F.. Endogenous R&D and Foreign Direct Investment in International Oligopolies [J]. International Journal of Industrial Organization, 2000, 18 (2).

[228] Potterie, B. V. P. and Lichtenberg, F.. Does Foreign Direct Investment Transfer Technology Across Borders? [J]. Review of Economics and Statistics, 2001, 83 (3).

[229] Razin, A. and Sadka, E.. Productivity and Taxes as Drivers of FDI [R]. NBER Working Paper, 2007.

[230] Razin, A., Rubinstein, Y. and Sadka, E.. Fixed Costs and FDI: The Conflicting Effects of Productivity Shocks [R]. NBER Working Paper, 2004.

[231] Razin, A., Sadka, E. and Tong, H.. Bilateral FDI Flows: Threshold Barriers and Productivity Shocks [J]. CESifo Economic Studies, 2008, 54 (3).

[232] Romer, P. M.. Endogenous Technological Change [J]. Journal of Political Economy, 1990, 98 (5).

[233] Ryuhei, W. and Takashi, N.. Productivity and FDI of Taiwan Firms: A Review from a Nonparametric Approach [R]. RIETI Discussion Paper, 2012.

[234] Sakura, K. and Kondo, T.. Outward FDI and Domestic Job Creation in the Service Sector [R]. Bank of Japan Working Paper, 2014.

[235] Sarma, C.. Offshore Financial Centers and India's Outward FDI Determinants [J]. World Journal of Social Sciences, 2016, 6 (1).

[236] Schmerer, H. J.. Foreign Direct Investment and Search Unemployment: Theory and Evidence [J]. International Review of Economics & Finance, 2014 (30).

[237] Schmitz, A. and Helmberger, P.. Factor Mobility and International Trade: The Case of Complementarity [J]. American Economic Review, 1970, 60 (4).

[238] Seo, J. S. and Suh, C. S.. An Analysis of Home Country Trade Effects of Outward Foreign Direct Investment: The Korean Experience with ASEAN, 1987–2002 [J]. ASEAN Economic Bulletin, 2006, 23 (2).

[239] Simpson, H.. How do Firms' Outward FDI Strategies Relate to Their Activity At Home? Empirical Evidence for the UK [J]. The World Economy, 2012, 35 (3).

[240] Siotis, G.. Foreign Direct Investment Strategies and Firms' Capabilities [J]. Journal of Economics & Management Strategy, 1999, 8 (2).

[241] Slaughter, M. J.. Production Transfer within Multinational Enterprises and American Wages [J]. Journal of International Economics, 2000, 50 (2).

[242] Soete, L. and Patel, P.. Recherche-Développement Importations de Technologie et Croissance Economique: Une Tentative de Comparaison Internationale [J]. Revue économique, 1985.

[243] Tanaka, K.. Firm Heterogeneity and FDI in Distribution Services [J]. The World Economy, 2015, 38 (8).

[244] Tomiura, E.. Foreign Outsourcing, Exporting, and FDI: A Productivity Comparison at the Firm Level [J]. Journal of International Economics, 2007, 72 (1).

[245] Toshiyuki, M.. Impact of Extensive and Intensive Margins of FDI on Corporate Domestic Performance: Evidence from Japanese Automobile Parts Suppliers [R]. RIETI Discussion Paper, 2015.

[246] Vernon, R.. International Investment and International Trade in the Product Cycle [J]. The Quarterly Journal of Economics, 1966, 8 (2).

[247] Voss, H., Buckley, P. and Cross, A.. The Impact of Home Country Institutional Effects on Internationalization Strategy of Chinese Firms [J]. The Multinational Business Review, 2010, 18 (3).

[248] Wong, K. N. and Goh, S. K.. Outward FDI, Merchandise and Services Trade: Evidence from Singapore [J]. Journal of Business Economics and Management, 2013, 14 (2).

[249] Wooldridge, J. M.. Introductory Econometrics: A Modern Approach [M]. Nelson Education, 2015.

[250] Yamashita, N. and Fukao, K.. Expansion Abroad and Jobs at Home: Evidence from Japanese Multinational Enterprises [J]. Japan and the World Economy, 2010, 22 (2).

[251] Yamawaki, H.. Exports, and Foreign Distributional Activities: Evidence on Japanese Firms in the United States [J]. The Review of Economics and Statistics, 1991, 73 (2).

[252] Yang, Q., Mudambi, R. and Meyer, K. E.. Conventional and Reverse Knowledge Flows in Multinational Corporations [J]. Journal of Management, 2008,

34 (5).

[253] Yeaple, S. R.. Firm Heterogeneity and Structure of U. S. Multinational Activity [J]. Journal of International Economics, 2009, 78 (2).

[254] Zhang, X. and Daly, K.. The Determinants of China's Outward Foreign Direct Investment [J]. Emerging Markets Review, 2011, 12 (4).

附 录

表 A1 三次产业分类

产业类型	具体行业
第一产业	农、林、牧、渔业
第二产业	采矿业
	制造业
	电力、热力、燃气及水生产和供应业（电力、燃气及水的生产和供应业）
	建筑业
第三产业	批发和零售业
	交通运输、仓储和邮政业
	住宿和餐饮业
	信息传输、软件和信息技术服务业（信息传输、计算机服务和软件业）
	金融业
	房地产业
	租赁和商务服务业
	科学研究和技术服务业（科学研究、技术服务和地质勘查业）
	水利、环境和公共设施管理业
	居民服务、修理和其他服务业（居民服务和其他服务业）
	教育
	卫生和社会工作（卫生、社会保障和社会福利业）
	文化、体育和娱乐业
	公共管理、社会保障和社会组织（公共管理和社会组织）

注：《国民经济行业分类》（GB/T 4754—2002）（以下简称《行分-2002》）与《国民经济行业分类》（GB/T 4754—2011）（以下简称《行分-2011》）中的行业名称存在微小差异。括号内为《行分-2002》对应行业名称，下表同。

表 A2 制造业技能水平分类

类型	具体行业
低技能制造业	农副食品加工业
	食品制造业
	酒、饮料和精制茶制造业（饮料制造业）
	纺织业
	纺织服装、服饰业（纺织服装、鞋、帽制造业）
	皮革、毛皮、羽毛及其制品和制鞋业［皮革、毛皮、羽毛（绒）及其制品业］
	木材加工及木、竹、藤、棕、草制品业
	家具制造业
	造纸及纸制品业
	文教、工美、体育和娱乐用品制造业（文教体育用品制造业）
	橡胶和塑料制品业
	非金属矿物制品业
	金属制品业
	其他制造业（工艺品及其他制造业）
	废弃资源综合利用业（废弃资源和废旧材料回收加工业）
中高技能制造业	烟草制品业
	印刷和记录媒介复制业（印刷业和记录媒介的复制）
	石油加工、炼焦及核燃料加工业
	化学原料及化学制品制造业
	医药制造业
	化学纤维制造业
	黑色金属冶炼及压延加工业
	有色金属冶炼及压延加工业
	通用设备制造业
	专用设备制造业
	交通运输设备制造业
	电气机械及器材制造业
	计算机、通信和其他电子设备制造业（通信设备、计算机及其他电子设备制造业）
	仪器仪表制造业（仪器仪表及文化、办公用机械制造业）

注：为了使《行分-2002》中制造业的具体分类与《行分-2011》匹配，将《行分-2002》中"橡胶制品业"和"塑料制品业"合并为"橡胶和塑料制品业"，将《行分-2011》中"汽车制造业""铁路、船舶、航空航天和其他运输设备制造业"合并为"交通运输设备制造业"，剔除《行分-2011》中的"金属制品、机械和设备修理业"。由此，制造业共包含 29 个小类。

表 A3 服务业技能水平分类

类型	具体行业
低技能服务业	交通运输、仓储和邮政业
	批发和零售业
	住宿和餐饮业
	修理和其他服务业（居民服务和其他服务业）
中高技能服务业	信息传输、软件和信息技术服务业（信息传输、计算机服务和软件业）
	金融业
	房地产业
	租赁和商务服务业
	科学研究和技术服务业（科学研究、技术服务和地质勘查业）
	水利、环境和公共设施管理业
	教育
	卫生和社会工作（卫生、社会保障和社会福利业）
	文化体育和娱乐业
	公共管理、社会保障和社会组织（公共管理和社会组织）

表 A4 制造业要素密集度分类

类型	具体分类	劳动-资本比
劳动密集型制造业	文教、工美、体育和娱乐用品制造业（文教体育用品制造业）	0.2047
	纺织服装、服饰业（纺织服装、鞋、帽制造业）	0.2003
	皮革、毛皮、羽毛及其制品和制鞋业［皮革、毛皮、羽毛（绒）及其制品业］	0.1986
	仪器仪表制造业（仪器仪表及文化、办公用机械制造业）	0.1489
	纺织业	0.1270
	计算机、通信和其他电子设备制造业（通信设备、计算机及其他电子设备制造业）	0.1204
	烟草制品业	0.1160
	电气机械及器材制造业	0.0891
	酒、饮料和精制茶制造业（饮料制造业）	0.0866
	印刷和记录媒介复制业（印刷业和记录媒介的复制）	0.0835
	交通运输设备制造业	0.0805

续表

类型	具体分类	劳动-资本比
劳动密集型制造业	橡胶和塑料制品业	0.0788
	专用设备制造业	0.0740
	其他制造业（工艺品及其他制造业）	0.0737
	医药制造业	0.0719
资本密集型制造业	通用设备制造业	0.0661
	家具制造业	0.0651
	黑色金属冶炼及压延加工业	0.0615
	化学纤维制造业	0.0611
	食品制造业	0.0610
	造纸及纸制品业	0.0554
	非金属矿物制品业	0.0520
	农副食品加工业	0.0511
	金属制品业	0.0503
	有色金属冶炼及压延加工业	0.0489
	化学原料及化学制品制造业	0.0452
	木材加工及木、竹、藤、棕、草制品业	0.0409
	石油加工、炼焦及核燃料加工业	0.0361
	废弃资源综合利用业（废弃资源和废旧材料回收加工业）	0.0282

注：劳动-资本比（单位：万人/亿元）中的"劳动"用全国各行业城镇单位就业人数度量，"资本"用全国各行业城镇固定资产投资度量，数据均来自EPS数据库。这里列示的数值为2004~2014年的平均劳动-资本比。